事例でわかる 家族信託契約書 作成の実務

弁護士
菊永将浩

税理士・行政書士
平尾政嗣

司法書士・行政書士
門馬良典

共 著

JN048390

日本法令

はしがき

　2017年頃から、テレビや新聞、雑誌などで「家族信託」について取り上げられる機会が飛躍的に増加しました。そして、その動きは2019年になって衰えるどころか勢いを増したように感じます。

　これは、超高齢社会に突入した日本において、誰もが認知症等になり判断能力を失う可能性を持っていることがクローズアップされ、世間の関心が高まっているためだと考えられます。

　元気なうちに、今まで築き上げてきた自宅や預金等の財産を、自らの意思で任せたい家族や友人などに管理・承継してもらいたいというニーズが高まってきており、その手法として「家族信託」が注目されています。

　家族信託は、自身の財産を信頼できる家族や友人に信託し、管理を委ねることで、認知症等に伴う判断能力の喪失リスク（資産の凍結リスク等）を避けることができる仕組みであり、その潜在的なニーズは極めて高いものです。

　他方で、家族信託の専門家の数は、近年増えてきてはいるものの、そのニーズをカバーできるほどにはなっていないのが実情です。

　その理由としては、「家族信託での契約書をどう作っていいのかわからない」「契約書のひな型を使ってはいけないというけれど、ではどうしたらいいのか…」という声がよく聞かれることからも明らかなように、契約書を作成するにあたり、何を考えなければいけないのか、どういう点を重視すべきかということについての情報が不足していることがその要因の一つと考えられます。

　そこで本書は、単に信託契約書のひな型を提示するのではなく、信託契約書についての法務、税務、登記のそれぞれの専門家の解説、そして家族信託に関連する情報（成年後見制度、遺言、民法改正等）を幅広く取り上げることにより、これらの声に応えられるように、

という思いで執筆しました。

　本書の特徴は、実際に使用した事例ごとの契約書（名称変更、多少のリメイクあり）を、法務、税務、登記のそれぞれの観点で指摘をしていくという形をとっていることです。

　ひな型を並べるだけでは、それを真似ることしかできない、つまりひな型が想定している事例と同じ事例にしか使えないという問題点があるなか、契約書を作るうえでの思考ポイントを提供することで、汎用性のある知識、考え方を身に着けていただけるのではないかと考えています。

　家族信託はまだまだ新しい分野で、議論が必要な部分も多くあります。筆者らは何度も打ち合わせを行って本書を作成しましたが、ここに書かれている情報もゆくゆくは変わっていく部分もあるかもしれません。

　この本が完成という形ではなく、上記の新しい試みを世に出すことで、皆さまのご指摘等を踏まえながら、内容を修正していきたいと考えています。

　この書籍が家族信託に取り組む専門家の方々にとって、少しでも参考になれば幸いです。

　最後になりましたが、今回の書籍の出版にあたりただならぬご尽力をいただいた日本法令の大澤有里様、事例別契約書の提供およびコラムの作成等に協力いただいた各士業の皆様に感謝いたします。

2019年　　12月
筆者　　　菊永　将浩（弁護士）
　　　　　平尾　政嗣（税理士、行政書士）
　　　　　門馬　良典（司法書士、行政書士）

※　家族信託は、一般社団法人家族信託普及協会の登録商標です。

目　次

第3章　信託に関する税務の手続きと不動産所得の注意点

【コラム一覧】

凡　例

【法令等】

信	信託法
信業	信託業法
信規	信託法施行規則
民	民法
新	改正民法
相法	相続税法
登免	登録免許税法
措法	租税特別措置法
地法	地方税法
不登	不動産登記法
不登令	不動産登記令
不登則	不動産登記規則

【条・項・号の略について】

条……算用数字

項……○数字

号……漢数字

　例）信託法第2条第2項第1号　⇒　信2②一

本書の使い方

　本書は、家族信託の実務に取り組む専門家の方を対象としています。

　最近は、家族信託について、数多くの書籍が出版されています。その中には、契約書のひな型を載せている本もいくつかありますし、参考になるものも多くあります。

　本書では、実際に相談された時に考えておかないといけないこと、知っておかないといけないことを最初に説明したうえで、実際の契約書をもとに解説を行うというパターンを採用しています。

　本書で取り上げている契約書は、実際に信託実務を行っている著者以外の専門家（弁護士、司法書士、税理士等）が使用したものを、本書用にリメイクしたものですが、そのすべてがそのまま使えるものとはなっていません。

　本書の特徴は、専門家により作成された家族信託の契約書について、弁護士、司法書士、税理士の立場から各々指摘し、横断的に検討を加えている点にあります。当然ですが、弁護士の視点からはこうすべき、というものが税理士の目から見ると反対であるという点も随所に出てきます（例：受益証券不発行の条項の要否）。

　実際の契約書において、どのような視点でチェックしているか、というのを可能な限り可視化することで、実際に契約書を作成しようとする専門家の方々の参考になるように工夫しています。

　また、家族信託の類型ごとに気を付ける点が異なることから、それらについても可能な限り記載しました。

○初学者の方へ

　第1章は、家族信託とはどういうものかを簡単に記述していますので、初学者の方はここを読んでから、第2章に進んでいただければと思います。

また、コラムの中には難しい部分もままありますので、最初は読み飛ばしながら、進めていただくほうがよいかもしれません。

　第2章からは、冒頭に簡単な事例を設けており、それに対して、最初の相談でどのような対応をしたのか、家族信託のスキームはどういうものか、などを実務の流れに則して記載しています。

　その他、信託相談の受け方のコツなども記載しているので、参考にしていただけたらと思います。

○すでに信託契約書を作成したことがある方へ

　家族信託の実務をすでにされている方は、第1章は読み飛ばして、第2章から読み進めていただければと思います。

　なお、実際の相談にあたっては、相談者のニーズを確認のうえ、家族信託以外の手法（成年後見、遺言、商事信託など）の活用をするケースもあります。

　相談者は家族信託がしたいのではなく、自らが抱えている課題を解決したいだけです。その課題の解決に最も良い手段を提示するためには、周辺の知識が不可欠です。そういう観点で本書を読んでいただき、信託契約書の内容を検討していただければと思います。

　そして、第2章の最初の事例である認知症対策（事例1）を、他の事例に比べて意図的に厚く記載しています。

　家族信託に取り組むにあたって知っておかないといけない周辺知識というのはたくさんあります。遺言や成年後見、相続税の概要などがその一例です。

　これらの周辺のことを知らずして、相談者の課題解決につながる正しい家族信託はできません。

　この事例に多くのエッセンスを入れ込んでいますので、まずはこの項をしっかりと理解していただき、家族信託についての理解が進むように工夫しています。

第 **1** 章

家族信託とは

1 家族信託とは

　信託というと、皆さんはどのようなものをイメージされますか。セミナーに参加された方にも、よくその質問をするのですが、一番よく出てくる回答は「投資信託」だったりします。信託といえば、一般的には「投資信託」や「信託銀行」というイメージが強いと思います。

　しかし、信託という仕組みはそれらに限られたものではなく、非常に幅広い利用方法があります。

　信託についてのルールを定める代表的な法律が、信託法（平成18 (2006) 年12月15日法律第108号）です（その他、信託業法もありますが、ここでは割愛します）。大正11 (1922) 年（今から100年近く前）に制定されて以来、80年以上、実質的な改正がなされなかった信託法ですが、民法が現代語化されたり、会社法が全面改正されたりするなど、大きい法改正がなされた時代背景の中、世の中のニーズに応える形で大幅な実質的改正が検討され、平成18 (2006) 年12月に改正法が成立し、平成19 (2007) 年に現在の信託法が施行されました。

　この信託法の改正の中で、信託自体の使い勝手が改善されたため、今回のテーマである家族信託（民事信託）が柔軟に活用しやすくなりました（何がどう変わったかについては、本文中で必要に応じて触れることにします）。

　平成19 (2007) 年の改正当時から、多くの専門家がその活用の可能性を示唆していたものの、施行後しばらくはあまり利用されていませんでした。その理由としては、そもそも信託の仕組みを理解した専門家が不足していたこと、議論の蓄積がなかったことなどがあげられます。

　ところが最近、新聞や雑誌、テレビなどで「家族信託」「民事信

託」という言葉が取り上げられることが非常に多くなってきており、多くの専門家が家族信託のセミナーを行ったり、書籍を出版したりしたこともあり、世の中の関心が高まってきています。また、金融機関においても家族信託に対応したサービスを提供するところが増えてきています。

> ※　家族信託（「民事信託」と呼ばれることも多いですが、本書では「家族信託」を用います）という言葉自体は法律に定義された概念ではありません。講学上、実務上の概念であり、「商事信託」と対比されて使われます。なお、家族信託は一般社団法人家族信託普及協会の登録商標です。

2　社会情勢の変化

（1）高齢者数の増加および認知症患者数の増加

　令和 3 年版高齢社会白書によると、我が国の総人口は、令和 2（2020）年10月 1 日現在 1 億2,571万人で、そのうち65歳以上の高齢者人口は3,619万人と全体の28.8％を占めます。今後も高齢者人口の割合は増えていくことが見込まれます。

　また、医療技術の発達等に伴い平均寿命も延びており、令和 2 年簡易生命表によると、2020年の日本人男性の平均寿命は81.41歳、女性の平均寿命は87.45歳となっており、今後も延びることが想定されています。

　他方、平均寿命と対比される概念として、「健康寿命」（健康上の問題で日常生活が制限されることなく生活できる期間）というものがあります。近時、健康寿命と平均寿命の間に10年前後の乖離が生じてきているともいわれています。

（2）認知症に伴う資産の凍結リスク

　認知症等により判断能力を失ってしまった場合、今までは「成年後見制度」を利用し、財産管理や財産処分をするというのが選択肢の中心でした。

　もっとも、いわゆる法定後見制度を利用できるのは、自己の判断能力等が減退してからであって、元気なうちから利用することはできません（後述の任意後見は元気なうちに仕組みを作るものの、効力が発生するのは判断能力等が減退した後です）。

　しかしながら、世の中には、「元気なうちに将来のことを考え、しっかりと備えておきたい」「今元気なうちから財産の管理を任せて、病気等になった後もそのまま管理を続けてもらいたい」という希望、ニーズは非常に多くあります。特に、平均寿命が延びれば延びるほど、そのような希望を持つ人は増えていきます。

　その希望を叶える手段として、本人の財産を守ることを主眼とする成年後見のみで対応することは難しい部分があり、また、他の代表的な手段である遺言においても、遺言の効力が自らの相続が発生してからの仕組みであるため、いわゆる生前対策には活用できないという問題があります。

　上述のとおり、認知症になって判断能力を喪失した後は、自己の財産であっても自由に処分等をすることが難しくなります。このいわゆる「認知症等に伴う財産凍結リスク」に対して備えることができるものとして、現在注目されているのが「家族信託」です。

　ここで、少し補足をしておきます。よく「認知症になったら法律行為ができない」と聞きますが、これは正確ではありません。認知症には軽度のものから重度のものまであり、一律に認知症イコール法律行為ができないとするのは不正確です。

　法律行為を行うことができるか否かは意思能力、行為能力の有無という観点から判断されるものです。

　このことを踏まえ、基本的に「認知症等になって判断能力を失った場合は、法律行為ができない」というような形で表現するようにしています。

（3）成年後見制度の概要

　本書の中でも随所に成年後見へ言及する部分がありますので、ここで簡単に整理しておきます。

　成年後見制度（法定後見）には、「成年後見」「保佐」「補助」の仕組みがあります。最も利用されているのが、「成年後見」です。後見というと、この「成年後見」を指すことが多いです。

　また、後見人を自ら選ぶ任意後見という仕組みもありますが、あまり多くは利用されていないのが現状です（令和2（2020）年12月末時点での利用件数は2,655件）。

　なお、後見制度の利用を促進するために、平成28（2016）年に制

【後見制度概要】

	任意後見制度	意思判断能力に問題ない人が対象です。支援してもらう人・内容などを決めて、公証役場で任意後見契約を結びます。代理のみで、同意・取消権はありません。
法定後見制度	補助人 （民法第15条〜）	判断能力が不十分な人が対象です。 申立時に選択した特定法律行為を代わって行います。 申立時に選択した重要な法律行為の同意・取消しをします。
	保佐人 （民法第11条〜）	判断能力が著しく不十分な人が対象です。 申立時に選択した特定法律行為を代わって行ったり、その同意・取消しをします。また、重要な法律行為の同意・取消しをします。
	成年後見人 （民法第8条〜）	ほとんど判断できない人を対象にしています。日常生活に関する法律行為を除くすべての法律行為を代わって行ったり、必要に応じて取り消したりします。

定された成年後見制度利用促進法に基づき、現在、後見制度を利用しやすくするための検討がなされています。今後はより使いやすい仕組みとなることが期待されており、今後の動向に注意が必要です。

3 家族信託の概要

（1）家族信託の仕組み

　家族信託とは、財産を有する者が判断能力があるうちに、その全部または一部の財産を、信頼できる相手に対して、その管理を委ねる財産管理の仕組みで、最近、認知症対策の手法として注目されています。

　財産を託す人のことを「委託者」、財産を託される人のことを「受託者」、託される財産のことを「信託財産」、信託財産から利益を得る人を「受益者」といいます（信2参照）。

　信託の仕組みの特徴としては、次の点に注意が必要です。

　信託は上記のとおり財産を託す人である委託者が、財産を託される人である受託者に対して、受益者のために財産の管理等を行うことを託す仕組みとなっており、「委託者」「受託者」「受益者」という三者構造になります。

　ただし、注意していただきたいのですが、これは必ずしも3人の当事者が必要となるわけではなく、委託者＝受益者というのも可能です。むしろ税制上の理由から、実際は委託者＝受益者（自益信託）とされているケースがほとんどです。

　家族信託は、委託者が財産の管理を受託者に委ねる仕組みであるため、財産を託した人がその後に判断能力を喪失した場合であっても、当該信託契約に基づいて受託者が有効な法律行為をすることが

できます。これが家族信託の重要なポイントです。

　例えば、実家に住んでいる高齢の父親が、「自分が元気なうちは自宅に住み続けたいが、将来、不自由が生じてきたら、自宅を売却して施設に入りたい」という意向を持っていて、長女も同じ思いでいるような場合、父親が長女に実家を信託して、その信託契約の中で実家の売却権限まで定めておけば、長女は父親が判断能力を失った後でも、「受託者」の立場で、自己の判断により、単独で不動産を売却することができます。

　ここで、父親が長女に自宅や金銭の管理を任せた場合を想定してみましょう。もともとの財産の所有者である父親（委託者）は、その財産の管理を子である長女（受託者）に任せるため、その財産である不動産、金銭（信託財産）を、長女に「信託」という形で移転させます。この移転は、あくまで財産の管理のためであることから、決して財産が受託者である長女の固有の財産になるわけではないのも信託のポイントです。

　財産を信託した父親は、当該財産の所有権を失う代わりに、「受益権」（例えば、これまでどおり建物を利用できる権利、建物を売却した場合にその代金をもらう権利、信託した金銭から生活費を受け取る権利等）を取得し、「受益者」となることから、これまでと変わらない生活を送ることが可能です。

　なお、仮に長女が不動産を売却してお金を手に入れたとしても、そのお金は「受託者」である長女のものではなく、あくまで「受益者」である父親のために利用される信託財産です。これが信託の仕組みです。

（2）所有権と受益権の違い

　上述のとおり、信託をすると委託者は所有権を喪失し、受益権を取得しますが、少し説明を変えると、信託というのは言うなれば、所有権の機能を分ける仕組みと表現することもできます。

所有権というのは、管理処分権と使用・収益権限が不可分一体になった物権ですが、信託というのは、その所有権を「管理処分権」と「（利用権を含む）収益権」に分けることができる仕組みだと考えてもらうと理解しやすいかもしれません。

　例えば、父親のみ健在で子が２人いる家族の場合、父親が長男に不動産を信託して管理は長男に一本化しつつ、収益については２人の子に平等に分配する、というような仕組みを組むことが可能になります。これまでであれば、不動産を共有にすることで、平等に分配する方法をとることが多かったと思いますが、不動産の共有は様々な問題を生じる危険性があります。信託を使えば、不動産を共有にすることなく、２人の子に平等に分配したいという父親の叶えたい目的を達成することができます。

　また、家族信託においては、一般的に「受益権」が移動することに伴い税金がかかる仕組みになっています（受益権課税）。

　よって、管理を託した段階では、委託者＝受益者とすることで、受益権が移動しないようにすれば、贈与税が発生しない形で管理を移すことができます。もちろん、将来において受益権が移動する場面で贈与税または相続税がかかるので、信託を使ったからずっと税金がかからないというわけではありません。よく信託を使って様々な税金をかからなくすることができるのではと考える人がいますが、それは間違いです。基本的に、「家族信託」は節税対策になりません。

　財産を管理する立場と財産から利益を受ける立場を分ける、という仕組みを活用することで、いろいろな課題を解決できます。例えば、従来は所有権を渡すか否かという選択肢のみでしたが、家族信託を使って、管理は任せるのでそのための名義は渡すが、実態は手元に残すという選択が可能となります。

4　家族信託の活用の典型例

（1）代表的な活用事例

　家族信託は様々な場面で使用可能ですが、その代表的な例としては、次のようなものがあります。

【家族信託の代表的な活用事例】

活用例	仕組みの概要
認知症対策	財産の所有者自身が元気なうちに、子どもなど信頼できる人に財産の管理を委ねる信託を組むことで、その後に所有者が判断能力を失っても資産凍結を防止できる。
共有対策	複数名の共有不動産について、管理をする立場の人に、信託を使って管理を一本化することで、不動産の有効活用が可能となる。つまり、受託者1人に信託すればその人の判断で不動産の管理等をすることができるようになる。
親亡き後問題への対策	障がいを持った子がいる場合などに、親が亡くなった後もその子のために適切な経済的サポートがなされる仕組みを作ることが可能となる。
事業承継対策	中小企業の事業承継の課題の一つである自社株の承継にあたって、信託を活用することでスムーズな経営承継が可能となる。

　以下で、具体例をあげて活用事例を解説します。

（2）活用具体例

事例1：認知症対策

　母親は85歳を過ぎて、最近判断能力の低下を感じています。父親はすでに他界しており、相続人は長女のみです（別居）。

母親としては、元気なうちは自宅にこのまま住み続けたいが、体に不自由が出てきた場合には、施設に入って生活をしたいと考えており、その場合には自宅を処分してもらいたいと考えています。

【事例1の検討】

　このような場合、なにもしないまま母親が判断能力を喪失してしまうと、財産である自宅を売れなくなる可能性があります。その結果、希望していた施設に入るための資金を用立てられず、入居できない事態が起こり得ます。

　また、相続人は長女のみであることから、将来的には長女が自宅を相続することになるものの、それはあくまで母親に相続が発生したときの話です。

　仮に、母親が元気なうちに「全財産は長女に渡す」というような遺言を書いていたとしても、遺言の効力は相続時に発生するので（民985）、母親の生存中は長女は母親の財産を勝手に処分することはできず、母親の思いを叶えることはできなくなります。

　このような場合において、成年後見を利用することも想定されますが、成年後見は本人の財産を守るための仕組みであり、円滑な承継・管理のための仕組みではないため、目的を達成できない場合もあります（居住用不動産の処分については裁判所の許可が必要となる点も注意が必要です（民859の3））。

　　| 事例2：共有不動産対策 |

　相談者は3人姉弟の末っ子で、姉と兄がいます。3人とも75歳を超えており、母親から相続した不動産をそれぞれ3分の1ずつの名義で共有しています。

【事例2の検討】

　姉兄はいずれも高齢であることから、将来的に認知症等になって判断能力がなくなってしまうと、成年後見人を選ばなければ不動産の活用ができなくなります。

　このような場合に、家族信託を活用すると認知症等に備えて、3人が元気なうちに、例えば長男の子（甥）に自己の持分をそれぞれ信託することで管理を一本化し、他方、その不動産から収益が生じたり、売却して利益が出たりしたときには3等分して渡す、ということが可能となります（信託を使えば、管理の話と収益の分配の話を切り分けることが可能となります（所有と収益の分離））。健康な人や法人に対して不動産を信託すると、以後、委託者の体調不良等が生じたとしても管理に支障が生じないという意味で、共有不動産においては信託の活用が有効となる場合は多くあります。

事例3：親亡き後問題対策

　60歳の夫婦には、重度の障害を持つ子（30歳）がいます。自分達が元気なうちはいいですが、そうでなくなった後、子の生活が心配です。

【事例3の検討】

　この事例においては、行政機関の各種福祉サービスを利用することが必要であるとともに、夫婦が将来の子の生活をサポートし続ける仕組みとして、信託を活用することで、財産の管理の面での不安などを解消することもできます。その他、商事信託のサービスにある「特定贈与信託」という仕組みの活用も考えられます。

　以上述べてきたのは家族信託活用のあくまで一例ですが、いろいろな場面で活用することができる仕組みであることはご理解いただけたと思います。

　信託という手法は、これまでの所有権の概念と異なり、財産の管理・帰属と受益を切り分けたうえで別々の人に帰属させることができる仕組みです。その考え自体はシンプルなものの、この仕組みの可能性はきわめて広く、様々な場面で活用が可能です。

5 信託相談の受け方のポイント

　3年前からかなりの件数の信託相談を受けてきた中で、筆者らが相談を受けるうえでのポイントと考えている部分を下記に示します。

（1）委託者、受託者候補者双方と早めに会う

　委託者、受託者候補者のどちらかだけがやる気になっていて、最終段階で片方から了解がもらえず先に進めないというケースが多々あります。

　委託者、受託者候補者のどちらかが、信託契約の中身を理解していなかったり、きちんと了解していなかったりすると最終段階で止まってしまいます。また、委託者が高齢者という場合も多く、契約書作成の前段階から同じことを繰り返し説明できる機会を作っておいたほうがよいでしょう。散々打ち合わせをして、委託者に理解・了解してもらっていたはずが、公証役場の公証人の前でとんちんかんな受け答えをしてしまう委託者の方もいます。

　判断能力のある委託者でも、家族信託の仕組みや使用する用語が難しく、きちんと理解してもらうのにかなりの時間がかかる場合があります。そのことを念頭に置いて行動すべきでしょう。

（2）説明資料、スキーム図を作成する

　口頭の説明だけではどんなに上手く話したつもりでいても、相談者には伝わりにくい場合があります。また、口頭だけの説明ですと、結果的に相談時間も長くなりがちです。

　そこで、最初は面倒でも家族信託の説明資料を作成しておくと、相談時間も短くなり、相談者の理解も深くなります。そして、将来的には大幅な時間短縮につながります。

　初回相談の際、委託者、受託者候補者のどちらか一方が相談にきて、家に持ち帰って、もう一方に説明するというケースがよくあります。我々のような専門家でさえ、慣れるまでは一般の方へ家族信託の仕組みを説明するのに苦慮するところ、一回説明を受けただけの相談者が、委託者や受託者候補者に上手く説明するというのはなかなか難しいでしょう。

　そんな時、説明資料を渡し、その資料をもとに自宅で説明してもらうと次回の相談（委託者、受託者候補者双方との面談）がスムーズに進むことが多いです。

　また典型的な契約事例については、スキーム図を作成しておいて、そのスキーム図に実際の委託者、受託者候補者の実名を入れて説明すると理解が進む場合が多いです。

（3）顧問弁護士、顧問税理士へ確認する

　特に経営者の信託相談の場合、その経営者に顧問弁護士や顧問税理士がついていて、その先生方の協力が不可欠な場面に遭遇することがよくあります。

　経営者が家族信託を希望している場合は、なるべく早めに顧問の弁護士や税理士の先生方に会って、説明もしくは経営者の方との打ち合わせに同席してもらうとよいでしょう。経営者と受託者候補者が家族信託を希望している場合でも、きちんと初期段階で顧問弁護士の先生、顧問税理士の先生に説明、了解をもらわなかったために信託契約に至らなかったケースもままあります。

（4）信託に関しての報酬、実費について説明する

　相談の概要を聞いたら、できるだけ早いタイミングで信託に関する専門家報酬や公証人手数料、登記費用といった全体の概算費用についても説明するように心がけましょう。

　委託者、受託者候補者ともに信託に積極的な場合でも、最終的な

費用の提示の段階で進まなくなることがよくあります。信託契約を締結した場合のメリットをいくら委託者、受託者ともに感じていても、費用の部分で折り合いがつかないという場合、つまり何度も相談や説明を重ねた後で費用の面で契約にならないとすると、相談を受けた専門家だけではなく、相談者である委託者、受託者候補者の時間も奪ってしまうことになります。

　特に、専門家報酬がどこまでか伝える必要があります。相談者は、信託契約や信託登記後のアフターフォローも、最初に提示した報酬金額に含まれていると考えている場合が多いものです。アフターフォロー部分も含めた報酬体系であれば問題はないですが、そうでない場合、後日トラブルになる可能性もあります。

　家族信託においては、①信託スキーム組成、②信託契約書作成、③信託登記費用、④税務手続関連費用といった形で分けて説明するのがよいでしょう。特に複数の専門家で案件に対応する場合はそうです。

（5）相談の間隔をあけない

　信託相談を受け、再度同じ相談者の相談を受ける場合はよくあります。説明資料やスキーム図を渡したとしても、信託の内容自体が一般の方にはなじみのないもので、中身もある程度複雑になりますので、時間をあけてしまうとまた最初から説明しなければならなくなってしまう可能性があります。相談を受けた際、相談者が次回相談を希望したら、その場で次回の相談の日程を調整するくらいがちょうどよいと思います。

（6）家族信託が万能ではないことを伝える

　最近は、テレビや雑誌等でも家族信託について取り上げられてきていますので、相談者自身がある程度家族信託について理解して相談に来る割合も増えてきました。

　しかしながら、多くのテレビや雑誌等では、家族信託契約を結ぶことのメリットや長所のみに焦点をあてているものが多いため、相談者が家族信託は万能と思い相談に来るケースが多いのです。

　その場合にきちんと相談者の相談内容を聞いて、家族信託について相談者が誤解していると感じた場合、家族信託のデメリットについてもしっかりと説明するべきです。家族信託の依頼を受けたいばかりにデメリットについて説明をしなかったり、また家族信託以外の手段のほうが良い場合にも家族信託を提案したりすることは専門家としてやってはならないことです。

（7）金融機関へ確認する

　委託者所有の不動産に抵当権等の担保権が設定されている場合、家族信託の依頼を受けたら早めに金融機関へ連絡をして金融機関の確認を取ることが望ましいです。かなり手続きが進んでからの確認になると、金融機関の承認がなかなかおりず、手続きが止まってしまったり、依頼者が契約をやめたいと言いだしたりする可能性もあります。

　多くの委託者はもともと取引がある金融機関と、信託契約後も取引したいと思っている場合が多いので、その金融機関が信託契約に応じてくれるのか早めに確認するのがよいでしょう。

　不動産に担保権の設定がない場合や、そもそも信託財産に不動産がない場合も普段取引のある金融機関で信託口口座を作成したい、その金融機関で作成ができないなら、信託をあきらめるという方もいらっしゃいます。

　その意味で、委託者、受託者候補者から信託契約の依頼を受けたら、なるべく早めに金融機関に確認の連絡を入れることをお勧めします。

（8）税理士、公認会計士に同席してもらう

　信託相談を受ける際、可能であれば相談の最初から家族信託に明るい税理士や公認会計士の先生に同席してもらうとスムーズに話が進む場合が多いです。

　特に会社経営者や自宅以外に不動産を所有している方、富裕層の方の相談の場合、ほとんどが信託契約を結んだことによる税務面のメリット、デメリットの話が出ます。（3）でとりあげたように、相談者の顧問税理士や公認会計士の先生に同席してもらうのがベストですが、難しい場合やそもそも顧問の先生がいない場合に備え、普段から家族信託に明るい税理士、公認会計士の先生と関係を構築しておくと良いでしょう。

　また逆に税理士、公認会計士の先生が家族信託の相談を受ける際は、弁護士、司法書士といった法務の専門家に同席してもらうと良いでしょう。

1　アメリカの信託活用事情

※本コラムは、弁護士西片和代氏によるものです。

1　アメリカにおける信託

アメリカにおける信託は、メジャー映画のテーマになるほど普及しており、遺言とともに重要な資産承継ツールとして活用されています（＊1）。

信託は、長い歴史と、個人の財産処分の自由を最大限尊重する考え方を基礎とします（＊2）。生前はもちろん、死後何十年も（場合により半永久的に）信託で決めた方法によって財産が活用され、承継されます。

2　アメリカで信託が使われる理由

信託の効用ないし重要な動機として、いわゆる「プロベート手続」の回避（＊3）と「節税」、「倒産隔離」があげられてきましたが、高齢化が進んだ現代（高齢化は日本だけの問題ではない）ではこれらに加えて、「後見代替手段」としても活用されています。

すなわち、信託設定者（当初受託者）が財産管理能力を失った場合、承継受託者が管理を引き継ぐことで裁判所関与による法定後見（conservatorship。cf. guardianship は、身上保護を意味することが多い）を避けることができます。

裁判所関与による法定後見は、①費用、②時間的コスト、③プライバシーの点において避けるべきものとして意識されているのに対し、信託による管理は、後見より柔軟で、融資を受けることも含め管理の選択肢が多い利点があるとされています。

3 受託者の責任、義務

　信託の普及と有用性は、同時に受託者の責任すなわち信認義務（fiduciary duty）によって担保されています。アメリカでは日本以上に、受託者の信任義務が強調され、厳格解釈されています。

　特に、受託者としての中心的な義務である忠実義務（duty of loyalty）に関しては、自己取引（self-dealing）、利益相反（conflict of interest）が厳格に禁止され、義務違反の場合、利益の返還に留まらず損害全部の賠償（利益の掃出し、得られた利益の補填）が求められるなど、受託者の責任は極めて重いものとなっています。

　また、資産管理の方法について、元本保証といった消極的管理を予定せず、受託者は「合理的投資家ルール」に従って信託財産を投資、管理する義務を負うところに特徴があります。

4 その他の特徴

　アメリカでは、信託は司法試験科目でロースクールの必須科目とされているため、弁護士であれば信託の基本は理解しています（ご存じのとおり、日本の司法試験科目に信託法は入っていません）。

　実務上、相続と信託は、弁護過誤・弁護士倫理違反にかかわる事案が頻出する分野とされ、助言者としての弁護士には高い法曹倫理が求められます。

　高齢の委託者が信託を設定するケースでは、信託能力、不当影響の排除、家族内での利益相反への警戒が強調されます。

　そして、受託者の担い手として弁護士は除外こそされませんが、一般的には予定されていません（＊4）。

　以上のとおり、アメリカにおける信託は、個人財産の分配の自由を実現

するための、用途の広い万能手段（versatility）として、遺言をしのぐ「近代資産承継計画の傑作」と評価されています。

　受託者による不正も起こり得ますが、依頼者（設定者）にとっては「潜在力のある道具」、「裁判所から監視されない独立した財産の管理手段」として、大いに活用されています。

＊1　映画「The Descendants」（邦題：ファミリー・ツリー）ジョージ・クルーニー主演
　ハワイを舞台に、信託、医療に関する事前指示をテーマにした作品
＊2　債権者保護をはじめとする法の制約に反しない限り、信託の内容が理性的か公平か合理的かを裁判所は問わず、処分の自由を最大限認めることで、信託を設定することが促進されています。
＊3　相続の仕組みとしてのProbate（プロベート）の理解
　英米法の相続は包括承継ではないため、仮に遺言があっても相続財産はプロベート手続（「検認」と訳されるが、日本の検認手続きとは異なり、人格代表者（personal representative）が選任され、遺産を調査確定し、納税、負債の支払い、分配も含む、破産管財手続のようなもの。）で処理されます。これが、①費用、②時間的コスト、③プライバシーの点で面倒と考えられ、裁判所関与によるプロベートのデメリットを避けられることが信託の重要な動機の一つとなっています。
＊4　弁護士は、自ら受託者に任命される場合には、事前に依頼者に対し、①受託者の役割と義務を説明し、②一般人が法的専門家の助力を得て受託者として務め得る可能性を説明するとともに、③その弁護士を任命する場合のコスト比較（経済的利益）を依頼者に理解させる必要がある、とされています。

2 信託と不動産証券化

※本コラムは、株式会社アーバンレックの社長河野守邦氏によるものです。

1 不動産証券化とは

　不動産証券化の創生期だった2004年頃、私は「不動産証券化」のスキームを知ってすぐに、これだ！と思い立ち、会社が所有していた賃貸マンションで、全国初の地方完結型不動産証券化を実現しました。

　不動産証券化とは、物件を証券化して資金を集める方法のことです。

　例えば、1億円で10%の利回りがある物件があったとします。一人で1億円もの資金を集めるのは大変ですが、これを1口1千万円の商品とすれば、出資者の幅が広がり買いやすくなります。もし3千万円の自己資金があったとしたら、7千万円を銀行から借入れして1億円の物件を買うこともできます。証券化した場合は、1千万円ずつ他の物件に投資してより大きな収益を生むことができますし、リスクを分散することもできるのです。

　また不動産投資は「レバレッジ効果」を活用できることが大きな利点ですが、不動産証券化にもこの効果を取り入れることができます。

　「レバレッジ効果」とは日本語で、「テコの作用」を意味します。テコを使うと2倍、3倍の力を発揮できることと同じように、投資においては借入れを利用して2倍、3倍の収益を得ることができるのです。

　前例と同じく、1億円で利回り10%の物件と、3千万円の自己資金があるとします。銀行から金利2％で7千万円を借り入れて購入し、1年後に同じく1億円で売却するとします。10%の運用益がありますので1年間所有した収益は1千万円、金利は140万円、諸経費なしと仮定すると、手元に残るのは860万円です。

　一方で、この１億円の物件を証券化して１千万円のみを自己資金として投入するとします。前例と同じく、７千万円を銀行から金利２％で借り入れ、残り２千万円は配当利回り５％で出資してもらいます。同じく１年後に１億円で売却する場合、１年間の収益、金利、経費は前例と同じとして、これからさらに配当の支払いが100万円ありますので、760万円が手元に残ります。もし残り２千万円を同じような物件に投資したとすれば、手元に残るのは760万円×３＝2,280万円にも膨れあがります。これが、レバレッジ効果です。

　不動産証券化は、投資の小口化により不動産投資市場への資金流入を促し、不動産の流動化を目的として、2000年代に入って急速に法の整備が進みました。J-REIT（ジェイ・リート）と呼ばれる不動産投資信託も不動産証券化の一種です。

２　どのように信託を利用するのか

　不動産証券化は、証券化をアレンジする事業者、そして出資者双方にとって夢のようなシステムですが、ご存じのとおり世の中にはこのような出資話で善良な人を騙す輩が多く存在します。そのために事業者は、投資家を保護するために様々なルールを守らなくてはなりません。

　最も重視されているのは、「倒産隔離」です。不動産証券化スキームでは、事業者（会社）が、このプロジェクトが順調であるにもかかわらず破綻した場合、このプロジェクトに影響を与えないように、物件そのものを信託に移行します。信託とは、第三者（当事者であることも。不動産の場合は信託銀行）に財産権を移転し、財産の管理や運用、処分などを任せる制度です。

　信託受益権化した物件の金銭の流れは、あらかじめ信託契約で定めたとおりに信託銀行が実行しますので、投資家は安心して不動産投資ができる

という仕組みです。また、信託受益権は税制上のメリットも期待できます。

3　全国初の地方完結型不動産証券化

　法が整備された2000年以降、不動産証券化は次第に広まっていきました。2004年、まだまだ不動産証券化創生期だった頃、私が全国で初めて「地方完結型不動産証券化」を組成した事例を紹介します。

　以下は、住宅新報2004年11月16日号の記事です。

　「株式会社アーバンレック（香川県高松市：河野守邦社長）は、高松市内の賃貸マンションを裏づけとした不動産証券化事業をスタートする。このほど関係者間で基本合意した。地方銀行から同行で初めてとなるノンリコースローンを受ける。加えて地元個人投資家４名からエクイティ資金を調達した。アーバンレックは、最劣後部分のエクイティに出資すると共に全体のアセットマネジメントを受託する。物件、ローン（デッド）、エクイティ出資を全て地方都市で完結した不動産証券化は極めてまれ。今回は、教科書のような典型的スキームだが、これからの地方不動産業者はこういった仕組み案件の組成能力を持つべき。今後は地元特化の"ご当地"ファンド立ち上げに向かう。

　この仕組みは、アーバンレックがＳＰＣを通じて、信託受益権化した賃貸マンションを取得。総事業費は５億円弱、取得費の65％程度を地方銀行からのノンリコースローンで調達する。６名の投資家から募集したエクイティ出資は、一口1,500万円。５％の固定利回りを設定した商品としたため、取引先を中心に順調に募集が完了したという。アーバンレックは創業以来、高松に特化して不動産コンサルティング、管理を24年間にわたり行ってきた。今回のエクイティ出資募集にあたっては、同社のこれまでの賃貸マンションの管理実績が評価されたものといえる。本案件の発表以

降、同社には四国県内の他の地方銀行から問い合わせが多く寄せられているという。今後は、地方銀行が持つ不良債権処理を推進する不動産流動化事業の担い手として、同社への注目が高まりそうだ。」

　簡単にいうと、株式会社アーバンレックが事業者として香川県高松市の約5億円の賃貸マンションを証券化し、65%を地元銀行から借り入れ、一口1,500万円、5%利回りで地元の取引先から出資を受け、運用を開始した、という記事です。物件、借入れ、出資者のすべてを地方で完結した不動産証券化は全国で初めてで、話題になりました。

　当時、不動産証券化は一部の大手が実行していましたが、四国ではこんなことを知っている人は誰もいませんでした。

　大変な思いをして不動産証券化を実行したわけですが、加えて信託銀行に毎年信託報酬として何百万円も支払わなければなりません。家族信託の場合は信託銀行への報酬を支払う必要はありませんが、不動産の場合は信託銀行への信託は必須です。この多額の支払いは手痛い現実でした。

　私は何でも新しいこと、誰もやっていないことをするのが大好きですが、この案件に関しては余計な経費が随分とかかってしまったという印象です。しかし、「全国初の地方完結型不動産証券化」は今でも誇りに思っている仕事ですし、地元の市場活性化の一翼を担えたのではないかと自負しております。

　家族信託は家族の財産管理を目的としていることに対して、不動産の信託利用は投資家（出資者）がより安心、安全に投資できるかを目的としているといえます。不動産証券化における信託は、銀行や出資者らに安全で、契約したとおりに収益を分配するために使われています。このスキームを実行するうえで、信託はなくてはならない存在なのです。

　欧米では、不動産をはじめとする資産の管理や相続において、信託がと

てもポピュラーに使われています。国によって多少スキームは違います
が、日本でもその形を変えながら、今後使いやすいように発展していくこ
とでしょう。

第 ② 章

事 例 別

信託契約書作成の手引き

認知症対策

1 事例の概要

　多額の金融資産（5,000万円超）と自宅不動産（2,000万円）を持っているX（男性・80歳）の事例です。

　Xには配偶者や子どもはおらず、法定相続人は兄弟であるAとBのみです。XとA・Bは疎遠で、長年行き来はありません。

　Xが亡くなった場合、この財産が法定相続人であるA・Bにその

◆関係図

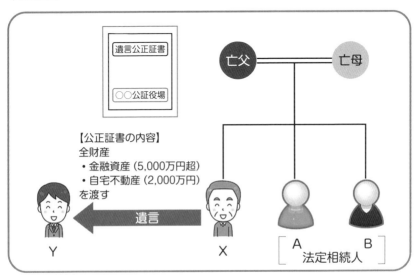

まま行くのは、Xとしては本意ではないため、公正証書遺言を作成することにしました。親族ではありませんが、Xには実の子のように長年ずっと面倒をみてきてくれた人（Y）がいて、公正証書遺言には、Yに全財産を渡す内容を記しました。

Xは公正証書遺言を作成して、相続対策は終わったつもりでいました。

2　対応の仕方

上記のような相談が来た場合、どのように対応するのがよいでしょうか。

まずは相談者からしっかりとヒアリングをする必要があります。主に、①家族構成、②財産の状況、③相談者の思い、④財産を渡される側の思い、⑤これまでに対応している内容、などを確認します。

（1）家族構成について

家族構成を確認することは極めて重要です。法定相続人が誰なのか、遺留分権利者は誰なのかなどをしっかりと把握しておく必要があります。配偶者がいない場合の法定相続人は、直系尊属がいれば直系尊属、直系尊属がいなければ兄弟姉妹になります（民889①、900参照）。

今回のケースでは、相談者は80歳の男性で、配偶者や子どもはいません。80歳だからもう直系尊属はいない、と決め付けるのは危険ですが、今回は直系尊属は既に他界していることとします。よって、法定相続人は兄弟A、Bになります。

（2） 財産の状況について

　今回の事例では、Ｘには5,000万円の多額の金融資産があります。

　ところで、この金融資産という書き方は意外と曲者で、普通預金の場合もあれば定期預金の場合もあり、また上場株式や投資信託の場合もあるなど様々です。以前、法律家の先輩から「二義を生じる表現は使わないこと」とアドバイスを受けたことがあります。人により捉え方が違う表現は使わないようにしたほうがよいでしょう。

　また、事例からは明らかになっていませんが、生命保険がどうなっているかなどについてもしっかりと確認をしておかなければなりません。

　この財産状況の確認は、相談者がどういう財産を持っていて、それを今後どう管理、処分したいかを確認する前提として必要な情報となりますし、相続税の申告が必要となるようなケースでは、しっかりと把握しておかなければなりません。

　例えば、生命保険、未公開株式、農業協同組合の出資金や建物更生共済保険の掛け金のように、本人が財産と思っていない金融資産がある場合もあります。こういった資産についても抜かりなく聞き取りをする必要があります。また、不動産については、固定資産税がかからず固定資産税の課税明細にないものもあったりしますので注意が必要です。

（3） 相談者の思いと渡される側の思い

　今回の相談者の思いは、「法定相続人以外の人」に財産を渡したいというものです。そしてその思いは、遺言という形ですでに明らかにしています。よって、相続時において渡したい人に渡せれば十分、という場合であれば、すでに十分な準備をしているといえます。

　ちなみに、仮に遺言がなかったような場合で何もしなければ、財

産は兄弟らに行くことになりますが、そのことを知らない相談者は相当数いますので、当然知っているという前提で進めないように気を付けましょう。

その他、見落としがちな点としては、財産を渡す側は「財産をあげるのだから当然もらってくれる」と思いがちなのですが、実際にはそうでないケースもあります。例えば、広大な山林など、持ち主からすると高価な財産のように思うところですが、もらう側からするとその管理や処分がきわめて大変となることから、必ずしも欲しいということにならないのが実情です。

財産を渡す側、財産を渡される側双方の思いをしっかりと確認する必要があります。

（4）これまでに対応している内容

相談者の中には、初めて誰かに相談するという方もいますが、すでに別のところで相談し、一定の対応をしている方もいます。

今回の事例についても、すでに公正証書遺言を作成しており、「全財産は実の子のように面倒をみてくれたYに渡す」と書いています。

このことを前提として、対応を考えなければなりません。

なお、今回のようなケースでは、遺言を書くほか、Yを養子にする手法も考えられます。

（5）専門家として取るべきスタンス

家族信託その他の手段を検討（主に法務面での検討）したうえで税務面から考えたベストな選択肢の提示し、それらをまとめたうえでの登記手続面での留意点などをしっかりと説明し、相談者の理解を得る必要があります。

特に家族信託については、早い段階で弁護士、税理士、司法書士などの士業が連携して検討していったほうが望ましいでしょう。専

門家が単独で進めていくと、法務、税務、登記手続等のどこかの場面において大きな落とし穴にはまってしまうおそれがありますので注意が必要です。

その他の注意点として、信託財産に不動産が入っていて将来売却の予定がある場合は、不動産業の方にも不動産の流通性等の確認をする必要がありますし（信託した不動産が売却できないという事象が発生する危険性あり）、保険を活用する必要がある場合には保険業の方やFP（ファイナンシャルプランナー）の方とも連携をして対応をする必要があります。

そして、一番重要な点として、少しずつ広まってきたとはいえ、まだまだ家族信託は一般の方にはその仕組み自体がよく知られていないので、相談者にはわかりやすく内容を説明しておかないと、後日「こんなはずではなかった」となってしまう可能性があります。後のトラブルを避けるためにも、家族信託がどういうものなのかについてしっかりと説明し、誤解が生じないように注意すべきです。また、専門家として他の選択肢も絶えず考慮し、家族信託ありきにならないように注意しなければなりません。

3 今回のケースで取るべき手法および留意点

（1）前　提

まず、今回のケースでは、相談者の法定相続人は遺留分を有しません（新1042条）。

遺留分とは、一定の相続人が、相続について法律上取得することが保障されている相続財産のことです。その反対概念として「自由分」というものがありますが、これは財産を有する者が誰にも妨げられることがなく、自由に処分できる財産を意味します。

3　遺留分に関する民法改正

　これまで円滑な資産承継、事業承継の際にネックとなることの多かった遺留分について、2018年 7 月 6 日に民法が改正され、その内容が大きく変更されました（2019年 7 月 1 日施行）。

　これまで遺留分を侵害されたとする者が、遺留分減殺請求権を行使すると、形成権＝物権的効力が生じ、相続人間で不動産や株式等が共有状態になり、その後のトラブルの元となってしまうケースもありました。

　例えば、後継者である長男に会社の株式をすべて渡したとしても、他の相続人の遺留分減殺請求権の行使によって株式が共有となってしまい、経営上支障が生じるケースがありますし、不動産を長男や長女に引き継がせたとしても遺留分減殺請求権の行使によってその不動産が共有となり円滑な承継や管理等に支障が生じることがありました。

　そこで、改正法では、遺留分減殺請求を行使した場合の効果について、その侵害している金額に相当する金銭の請求権（「遺留分侵害額請求権」と呼ばれる）という形に変更されました（新1046）。

　また、遺留分減殺請求の対象も変更されました。

　これまで、被相続人から相続人に対してされた生前の贈与は、期間の制限なく無限定に遺留分減殺請求の対象となっていましたが、今後は、相続人以外に対する贈与は、相続開始前の 1 年間にされたものに限定されるとともに、相続人に対する贈与についても、相続開始前の10年間にされたものに限り相続財産に算入されることとなりました（新1044）。

　今後、遺留分がお金の問題のみになると、株式や不動産の共有という問題を生じなくなることから、紛争の予防につながるのではないかと思われます。

今回のケースでは、兄弟が法定相続人であるため、兄弟には遺留分はなく遺留分侵害の問題は生じないことから、相談者の希望する形で財産を引き継がせることが可能となります。

（2）遺言による対応

今回のケースでは、上述のように遺留分の問題が生じず、またすでに遺言を書いていることから、相談者の死後、問題なく渡したい人に財産を渡せることになるでしょう。

① 遺言の種類

遺言には、（ⅰ）自筆証書遺言、（ⅱ）公正証書遺言、（ⅲ）秘密証書遺言、（ⅳ）一般危急時遺言、（ⅴ）難船危急時遺言、（ⅵ）伝染病隔離者遺言、（ⅶ）在船者遺言の7種類がありますが、（ⅳ）から（ⅶ）についてはほとんど利用されていないため、ここでは（ⅰ）から（ⅲ）までご説明します。

（ⅰ）自筆証書遺言

　　自筆証書遺言とは、遺言をする者が遺言書の全文、作成日付、氏名を自筆で書き、押印をすることにより成立する遺言です（民968）。

（ⅱ）公正証書遺言

　　公正証書遺言とは、証人2人以上の立会いのもと、遺言をする者が遺言の内容を公証人に伝え、その内容をもとに公証人に公正証書にしてもらう遺言です（民969）。

（ⅲ）秘密証書遺言

　　秘密証書遺言とは、（ⅰ）と（ⅱ）の中間のような遺言です。遺言をする者が遺言を単独で作成するという意味では（ⅰ）に近いですが、その後作成した遺言の存在のみ（内容は公証人にも秘密のため、秘密証書遺言と呼ばれる）を公証人に証明してもらう遺言のことをいいます（民970）。

② 遺言のメリット・デメリット

(i) 自筆証書遺言と秘密証書遺言

　　メリットとしては、自筆の場合は、費用をかけずに誰の助けも借りず、気軽に書けるという点があります（秘密証書遺言は、公証人の手数料がかかります）。

　　しかしながら、デメリットとして内容に誰のチェックも入らないことが多いため、形式不備等で遺言書が無効にされてしまうリスクがあり、また誰の立会いもない状態で作成されていることが多く、遺言者に遺言能力（有効な遺言を書く能力）がなかったのではないかと受遺者以外の遺言者の相続人から後日争われるリスクもあります。

　　また、遺言書の紛失や受遺者以外の相続人に遺言書を隠匿・破棄されてしまうおそれもあります。

　　さらに遺言者が亡くなった際にいきなりその遺言に基づき手続きをすることができず、家庭裁判所に遺言書を提出して検認の手続きを請求しなければなりません。そのため、遺言の執行までに時間がかかる（1～3カ月程度）こともあり、検認の際の遺言書開封の立会いのため、受遺者以外の相続人にも裁判所からの呼び出しの通知が来て、受遺者以外の相続人とトラブルになってしまうケースもあります。

(ii) 公正証書遺言

　　メリットとしては、自筆証書遺言と違い公証人が遺言書の内容を確認するので、形式不備等で遺言書が無効になることもないですし、公証人が遺言者の遺言能力を確認しているので、遺言能力を争われるリスクは下がります。また、前述の検認手続も不要です。さらに遺言書の原本が公証役場で保管されるため、遺言書が紛失したり、隠匿されてしまったりということもなく安心です。

4 相続法の改正に伴う遺言の仕組みの見直し
（自筆証書遺言の活用のための法務局での保管制度の創設など）

2018年３月に、「法務局における遺言書の保管等に関する法律案」が国会に提出され、７月に成立しました（2020年７月10日から施行）。

（１）要式性の緩和

民法改正により、これまで全文が自筆であった遺言について、財産の目録部分は自筆でなくてもよいと要式が緩和されました。これにより、例えば、不動産の数が多かったり、預金口座が複数あったり、全部自筆で書くのが大変な場合、一定の要件の下、財産目録だけをパソコン等で作成することができるようになります。

（２）法務局での預かり制度の創設

今回の法改正の中で、自筆証書遺言を法務局で預かってくれるサービスが創設されました。

もっとも、法務局は形式的な確認は行いますが、内容の確認はしないことから、内容に不備があれば、遺言が無効になってしまうおそれがある点は注意が必要です。

なお、保管の手数料については１件あたり3,900円となっています。

（３）今後の見込み

今後、自筆証書遺言の活用がどうなるか、公正証書遺言との使い分けがどうなるかなど、引き続き注意が必要です。

また、遺言者の死後、自筆証書遺言の存在が、相続人に連絡される仕組みも今後整備する方向で検討される見込みです。これが実現すると、自筆証書遺言のデメリットで上げた点はある程度クリアされることになるでしょう。

　デメリットとしては、公正証書遺言作成の際に財産に応じた公証人手数料がかかる点と、証人を2人用意しないといけない点があります。しかし、デメリットといっても公証人手数料がかかるという点に限られるので、通常は公正証書遺言をお勧めしています。

③　遺言による対応で想定されるリスク

　遺言は、遺言者の死亡の時からその効力を生ずる（民985①）とされていることから、裏を返せば相続が発生するその時まで遺言には法的拘束力は生じないことになります。

　そこから、次のような問題点が想定されます。

（ⅰ）　認知症リスク

　　高齢化が進む中、誰しもが認知症になるリスクを持っています。最近、よく健康寿命という話を聞くようになりました。

　　健康寿命とは、「健康上の問題で日常生活が制限されることなく生活できる期間」のことをいいます（厚生労働白書）。

　　最近、この健康寿命と平均寿命との間に差がある点がクローズアップされています。2021年7月に厚労省から発表された統計によると、2020（令和2）年の平均寿命は男性が81.64歳、女性が87.74歳となっており、前回に引き続き上昇し、男性は初めて81歳を超えました。

　　平均寿命が延びることは良いことだと思われますが、それに伴って健康寿命が延びているかというとそうではなく、健康寿命と平均寿命の間には平均で10年前後の差があります。つまり、誰しもが、健康上の問題で何かしら日常生活が制限される期間が10年ほど生じるリスクがあります。

　　そして、認知症になって判断能力を失った場合、その人は自らの意思に基づいて財産を処分したり、契約をしたりする

ことができなくなります。そのため、財産を持っている方が
判断能力を失うような状態になった場合には、財産を動かす
ことができなくなります（これを「資産の凍結」といいま
す）。

　資産が凍結しても何の問題もなければよいですが、例えば
自宅を処分して施設へ入居することを考えていた場合、認知
症となった後は自らの意思で実家の売却をすることができな
くなります。

　また、預金についても、預金者に判断能力がないとわかっ
た時点で預金口座が凍結する場合があるとも聞いています。

（ⅱ）**特殊詐欺の被害に遭うリスク**

　財産を持っている高齢者らが、オレオレ詐欺などにひっか
かり財産をだまし取られるケースが後を絶ちません。

　警察庁の発表によると、2020年においても、前年に比べ大
幅に減少しているものの依然として認知件数が1万3,000件
を超えるなど、特殊詐欺の件数は高止まりしています。その
うち被害全体に占める高齢者の割合は非常に高いものとなっ
ています。

　遺言を書いて、全財産を渡すとしていた場合であっても、
生存中に財産をだまし取られ、遺言により渡す予定であった
財産がなくなってしまう危険性があります。

（3）家族信託による対応

「家族信託」は新しい財産管理の手法として注目されています。

　家族信託とは、元気なうちに財産を信頼できる家族または友人な
どに託し、その管理や処分を任せる財産管理の手法です。次ページ
の図は、父親が長女に財産を託す仕組みを図にしたものです。

　今回のケースに当てはめると、相談者は委託者、受託者は実の子
のように面倒をみてくれる人、受益者は相談者とする家族信託（自

益信託）スキームを組むことで、遺言のときのリスク（認知症等による判断能力喪失時のリスクや、特殊詐欺にあうリスク）を避けることが可能です。その理由は次のとおりです。

① 財産の管理は「受託者」に委ねられるため（信26）、信託契約締結後に委託者が認知症等になったとしても当初の信託契約で決めた内容どおりの財産の管理および承継が可能です。

➡認知症のリスクが避けられます。

② ①のとおり財産の管理権限は受託者に委ねられているため、信託した財産については委託者が預金を下ろしたり、不動産の名義を変えたりすることは不可能となります。

➡特殊詐欺に遭うリスクを避けられます。

②について少し掘り下げて説明すると、不動産を信託した場合、その不動産については、所有権移転登記および信託登記をすることになります（信14）。そして、信託登記をすると、一般的に次ページのような登記簿になります（内容は簡略化しています）。

◆家族信託の仕組み

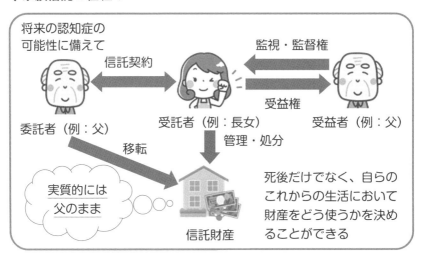

◆信託不動産の登記事項の記載例

権利部　（甲区）（所有権に関する事項）			
順位番号	登記の目的	受付年月日・受付番号	権利者その他の事項
1	所有権移転	××年××月××日第●●●号	原因　××年××月××日売買 所有者　広島県広島市東区×××　田中父郎
2	所有権移転	××年××月××日第○○○号	原因　××年××月××日信託 受託者　広島県広島市東区×××　田中子太郎
	信託	余白	信託目録第△△号

信託目録		調整	
番号	受付年月日・受付番号	予備	
第△△号	××年××月××日第○○○号	余白	
１．委託者に関する事項	広島県広島市東区×××丁目…番…号　田中父郎		
２．受託者に関する事項	広島県広島市東区×××丁目…番…号　田中子太郎		
３．受益者に関する事項	広島県広島市東区×××丁目…番…号　田中父郎		
４．信託条項	信託の目的 　受益者の資産の適正な管理及び有効活用を目的とする		
	信託財産の管理方法 １．受託者は、信託不動産について、信託による所有権移転または所有権保存の登記及び信託の登記手続を行うこととする。 ２．受託者は、信託不動産を第三者に賃貸することができる。 ３．受託者は、裁量により信託不動産を換価処分することができる。 ４．受託者は、信託の目的に照らして相当と認めるときは、信託不動産となる建物を建設することができる。		
	信託の終了事由 　本件信託は、委託者兼受益者　田中父郎　が死亡したときに終了する。		
	その他の信託の条項 １．本件信託の受益権は、受益者及び受託者の合意がない限り、譲渡、質入れその他担保設定等すること及び分割することはできないものとする。 ２．受益者は、受託者との合意により、本件信託の内容を変更することができる。 ３．本件信託が終了した場合、残余の信託財産については、田中子太郎に帰属するものとする。		

つまり、不動産を信託をした後、当初の所有者であった不動産の名義が受託者に移転します。ただ、これが通常の所有権移転と異なることは登記上明らかです。

次の2点がポイントとなります。

まず1点目は「所有者」ではなく「受託者」となっていることがあげられます。2点目は、通常の所有権登記と異なり、付記登記の箱のようなものがついていることがあげられます。

以上のように、今回のケースでは、家族信託を組むことで、相談者の心配している点にしっかりと対応をすることができます。

（4）身上監護面への配慮

今回の事例では実際には、家族信託のほか、任意後見契約と死後事務委任契約もあわせて締結しています。その理由を、以下で簡単に説明します。

①　任意後見契約

任意後見契約とは、自分が将来認知症等になり判断能力が低下、喪失してしまう場合に備え、自分が信頼できる人（任意後見人）にあらかじめ自分がそうなってしまった場合に自分の代わりにやってほしいこと（財産管理や契約締結等）を引き受けてもらうための契約のことをいいます。

今回のケースでは、任意後見契約は締結しておいたほうが望ましいと考えられます。なぜなら、通常、近親者がいるとすれば、身上監護面で問題が生じないかもしれませんが、今回の相談者と財産を託したい人が法律上は「他人」だからです。

よって、どんなに本当の親子のようであっても、介護施設の契約などの場において不具合が生じ得ることから、「任意後見受任者」たる立場を付与しておくことは一定の意味を持ちます。

② 任意後見契約の留意点

　契約の取消権がないため、任意後見が開始したとしても、特殊詐欺等の防止はできないとされています。

　ところが、今回は財産管理については家族信託によることから、信託した財産については、その問題も生じません。なぜなら、財産の管理自体が受託者に移っていることから、Xが財産を騙し取られることがないからです。

　さらに、本人の判断能力が低下し任意後見が開始した後、任意後見人としての立場を持つ人は、委託者（受益者）の監督権限を行使することによって、受託者の業務が適正に行われることをチェックすることもできます。

③ 死後事務委任契約

　死後事務委任契約とは、委任者があらかじめ受任者（個人、法人）に対し、自分が亡くなった後の各種事務処理手続（市役所等での手続き、医療費の支払い、家賃の支払い）、葬儀、納骨、埋葬、遺品整理に関する事務等についての代理権を付与して、死後の事務を委任する契約をいいます。

　概ね次ページのような契約書を作成します（理解に資するため、実際に利用しているものを簡略化しているので使用の際には注意してください）。

【死後事務委任契約書例】

死後事務委任契約書

　委任者Aと受任者Bとは、以下のとおり死後事務委任契約を締結する。

第1条　Aが死亡した場合においても、本契約は終了せず、Aの相続人は、委任者であるAの本契約上の権利義務を承継するものとする。

第2条　Aは、Bに対し、Aの死亡後における次の事務（以下、「本件死後事務」という）を委任する。

（1）　通夜、告別式、火葬、納骨、埋葬に関する事務

（2）　永代供養に関する事務

（3）　老人ホーム入居一時金等の受領に関する事務

（4）　行政官庁等への諸届け事務

（5）　以上の各事務に関する費用の支払い

第3条　第2条の納骨および埋葬は、○○○○にて行う。

第4条　Aが死亡した場合、Bは、速やかにAが予め指定する親族等関係者に連絡するものとする。

第5条　Aは、Bに対し、本契約締結時に、本件死後事務を処理するために必要な費用およびBの報酬に充てるために、金○万円を預託する。

第6条　本件死後事務を処理するために必要な費用は、Aの負担とし、Bは、預託金からその費用の支払いを受けることができる。

第7条　Aは、Bに対し、本件死後事務の報酬として、金○万円を支払うものとする。

第8条　本契約は、次の場合に終了する。

（1）　Bが死亡または破産したとき

第9条　Bは、Aに対し、1年ごとに、預託金の保管状況について書面で報告する。

2　Bは、Aの請求があるときは、速やかにその求められた事項につき報告する。

3　Bは、遺言執行者または相続人または相続財産管理人に対し、本件死後事務終了後1カ月以内に、本件死後事務に関する次の事項について書面で報告する。

（1）　本件死後事務につき行った措置

（2）　費用の支出および使用状況

（3）　報酬の収受

第10条　Bは本契約の条項に従い、善良な管理者の注意を怠らない限り、甲に生じた損害について責任を負わない。

④　死後事務委任契約の必要性

③にあげたような事務については、相続人や親族により行われるケースがほとんどですが、やってくれる相続人や親族がいないケースや、いたとしても絶対に頼みたくないというケースもあります。このような場合に死後事務委任契約が必要となります。

例えば、任意後見契約を結んでいたり、遺言書を遺していたりするケースでも死後事務委任契約は必要となるケースはよくあります。まず任意後見契約については、委任者が亡くなると契約が終了しますので、任意後見人が死後事務を行うことは基本的にできません（一部例外あり）。

また遺言で、付言事項として死後事務についても記載しておくことができる場合もありますが、法律上の効果は生じないため、遺言書どおりに相続人が死後事務についてやってもらえるかどう

かは、わかりません。

4　税務面での留意点

今回のケースでは、相続税の申告が必要になると考えられます。相続税の2割加算にも注意が必要です。

なお、家族信託を活用しても、通常の相続の際に受けることができる小規模宅地等の特例や軽減措置を受けることが可能です。

5　登記面での留意点

今回の事例の登記については、簡単に前述しましたが、「信託」を原因として委託者から受託者への所有権移転登記手続をすることになります。登記の目的は所有権移転になりますが、通常の所有権移転の場合と異なり、「所有者」ではなく「受託者」として登記されていることなどに注意が必要です。

また、登記の申請の際には信託目録を添付することになりますが、この目録の記載方法については必ずしも定まった形がないため、信託契約書の内容をどこまで載せるのか、しっかりと考えて対応をしなければなりません。

信託契約書の中身をすべて信託目録に記載すればよいというわけではありません。なぜなら、登記情報は一般に公開されているため信託目録自体を見ようと思えば誰でも見ることができ、個人情報やプライバシーの問題が生じる危険性があるからです。

かといって、信託目録の記載事項が少なすぎても問題となる場合があります。委託者および受託者等関係者の意向を確認し、信託登記後に起こり得る問題も想定し過不足なく記載する必要がありま

す。

　家族信託においては遺言代用信託（遺言のように、相続が生じた際に、信託した財産の帰属先を決める信託のこと。遺言の代わりの機能を果たすことから「遺言代用信託」といわれます）の場合、信託財産については遺言書を遺したのと同じ効力を持ちます。その信託契約書の内容をすべて信託目録に記載するということは、遺言書の内容を公開してしまっていることに等しくなります（不動産の登記情報および信託目録は、誰でも閲覧できてしまうため）。

　一般的には、自分の遺言書の内容は誰にも知られたくない方が多いと思いますので、信託契約書の内容をそのまま信託目録に記載して登記申請をしてしまうと問題となる可能性があります。

　しかしながら、場合によっては遺言代用信託の場合でも、信託目録にある程度内容を記載したほうがよい場合もあります。

　例えば、委託者兼受益者が父で、受託者を長女にしたいと思っている相談者がいたとします。そして、長女の他に長男がいたとします。父親は、最近判断能力が落ちてきたので、同居している長女に財産管理を任せたいと思っています。父親が、県外に住む長男にこの話をしたところ、どうも長男は家族信託についての理解があまりないこともあり、将来的に長女に父親の財産を全部取られてしまうように思っているふしがあるようです。

　このような場合に信託契約の終了時を父親の死亡時にし、その残余財産の帰属者を長男２分の１、長女２分の１とし、その契約内容をあえて信託目録に記載して登記することで、長男も安心して信託契約に納得するといったケースもあります。

　信託契約書の中身をどこまで信託目録に落とし込むか、またどのような記載にするかについては、最終的には信託登記の代理を受けた場合、その司法書士や弁護士の判断になってきます。

6　その他の実務上の問題点

(1) 公正証書（信託契約書）の作成

　家族信託において、契約書は公正証書で作ることが推奨されています。その理由は次のとおりです。

① 委託者たる財産所有者の意思能力をしっかりと確認するため

　　公正証書の作成にあたっては、本人の意思の確認を行うこととなっています。よって、公正証書で作った契約書はそうでない私署契約書に比べて、その有効性が問題となる可能性を大きく減らすことができます。

　　なお、公正証書の作成方法については、弁護士、司法書士などの専門家やお近くの公証役場におたずねください。

② 信託口口座の開設のため

　　次に述べる信託口口座の開設にあたっては、金融機関から公正証書によって信託契約書を作ることを求められるケースが多くあります。

　　よって、法律上、公正証書によることが求められているわけではありませんが、基本的に、信託契約書の作成にあたっては、公正証書での作成をすることが多いです。

(2) 信託口口座の開設

① 信託口口座とは

　　「信託口口座」とは、信託財産を管理するための口座をいいます。わかりやすくいうと、委託者のものでも、受託者のものでも

ないお金を管理するための口座「委託者が亡くなっても、受託者が亡くなっても凍結しない口座」と理解してもらうとイメージがしやすいかもしれません。この特殊な口座に入れておくことで、家族信託をスムーズに行うことができます。

信託財産は、委託者固有の財産とも受託者固有の財産とも分離して管理される必要があります（分別管理義務（信34））。このことは、信託財産が金銭である場合も当然あてはまります。

金銭が信託財産となったとき、その金銭は信託目的のために利用される金銭となることから、委託者固有の金銭や受託者固有の金銭と別管理をしなければならず、委託者名義の口座に入れたままにすることや受託者固有の口座に入れたままにすることは避けなければなりません。

なぜなら、委託者や受託者の固有の口座に入れていた場合、委託者らが死亡した場合などに口座は凍結してしまうおそれがあるからです。そのことは、次のような例を考えてみたらわかりやすいと思います。

例えば、委託者が父、受託者が長男、当初受益者が父、父が死亡した場合の二次受益者が母、帰属権利者が長男という例で考えてみましょう。なお、この例では長男のほか、委託者の子には長女もいることにします。

このケースで委託者が死亡した場合、信託契約によれば受益権は父から母に移ることになるはずです。

ところが、信託財産が父の固有の名義になっていた場合、父が死亡すると当該預金口座は凍結し、相続人全員の合意がなければ凍結を解除できなくなります。もちろん、全員の協力が得られれば問題ないのですが、何かしらの事情で長女の印鑑がもらえない場合（例えば、海外居住など）預金口座の凍結を解除できないことから、その預金を使うことができなくなります。

そういう問題が起きないようにするために、信託財産である金

銭は信託の目的のための財産として別に管理されないといけないのです（その他、受託者の立場を持つ人が自己の個人債務に基づいて信託口口座の差押えを受けた場合も問題が生じます）。

なお、信託口口座の開設の流れについては、『家族信託実務ガイド』第6号34ページ以下（日本法令）に取り上げられていますのでご参照ください。

数年前までは、この信託口口座の開設をしてくれる金融機関は多くありませんでしたが、最近では開設に応じてくれる金融機関の数が増えてきています（全国でも70行くらいが対応をしているといわれています）。今後もその動きは増えていくと思いますが、金融機関ごとに口座の性質やサービスの内容等は異なりますので、その点は注意が必要です。

②　専門家として確認する必要があること

信託口口座は上記のとおり信託目的をかなえられるものである必要があることから、可能であれば口座を開設する予定の金融機関に、「委託者が死亡しても凍結しないこと」「受託者が死亡しても凍結しないこと」を確認しておいたほうがよいでしょう。

信託口口座と銘打った口座の中には、単なる屋号口座（信託という肩書だけが付いた個人口座）もあるので注意が必要です。この場合、上述のとおり受託者が亡くなった場合などにおいて口座が凍結され、予期せぬトラブルが起きてしまう可能性があるので、信託組成に携わる専門家としては注意しておかなければなりません。

さらに注意すべき点として、信託契約書に「○○銀行で信託口口座を開設する」と記載をしていたものの、実際には○○銀行で口座開設ができなかった場合があります。あたり前ですが、その契約書では他の金融機関で口座開設ができないことから（契約書では○○銀行で作成する、としている以上、他の金融機関で作る

ことは権限として与えられていない）、契約書の条項において、金融機関を特定するのは避けたほうが無難です。もちろん、あらかじめ金融機関と打ち合わせたうえで、確実に口座が作れるのであれば問題は生じないでしょう。

③　その他

　余談になりますが、信託口口座の名義の記載方法は金融機関により異なります。

　筆者が作ったことがあるものでいうと、

　「委託者○○受託者△△信託口」

　「○○信託受託者△△」

というものがあります。

　前者の「委託者○○受託者△△信託口」という口座名を少し補足して説明すると、「委託者である○○さんの財産を管理する立場である受託者△△さんが信託した金銭を管理するための口座」ということになります。

　それ以外にも様々な名称例があるようです。どういう口座名称になるか、どういう名称で作れるかは金融機関により異なります。「この名称で作ってくれ」と言っても、金融機関によっては応じられないケースもあると思いますので、その点も口座開設前にしっかり確認しておくのが望ましいでしょう。

7　信託契約書

　いよいよ、本書のメインテーマである家族信託契約書について解説をしていきます。最初に一般的な留意事項を説明したうえで、契約書の個別の内容について解説をしていきます。

　これまでの記載にあたって、信託契約を締結する、という話をし

てきましたが、ここで信託契約書について簡単に説明します。

　家族信託においては、その仕組みをどのように作るか、自由設計の部分が多いため、それを契約書という形にするにあたって考えないといけないことが多く、結構大変です。どうしてそうなっているかというと、信託法という法律は必要最小限の守らないといけないことを定める法律で、あとは信託契約の中で自由に定めていい、というスタンスを取っているからです。

　契約書を作成するにあたっては、信託法のスタンスを理解したうえで、何を定めなければならないのか、自由に決めていいものは何かを事前にしっかりと理解しておく必要があります。

（1）やらないといけないこと

　まず、家族信託契約書を作るにあたってやらないと（決めないと）いけないことは概ね次のとおりです。

① 　信託の目的を明確にすること【目的】
② 　委託者、受託者、受益者を誰にするか【主体】
③ 　信託財産を何にするか【客体】
④ 　受託者の権限をどうするか【管理方法】
⑤ 　信託の終了原因をどうするか【期間】
⑥ 　信託終了後の財産をどのように帰属させるか【信託終了後の対応】

　信託とは、財産を持つ人が、一定の目的のために、その財産を、信頼できる人に管理を任せる仕組みであるため、上記のことはしっかりと決めないといけません。

　①の「信託の目的」が単に「信託財産を受託者が管理、処分すること」くらいしか書いていないものも散見されますが、これだと委託者が何のために信託をしたのかが全くわからず、有効な信託といえるのか疑義が生じることになります。そもそも「信託財産を受託

者が管理、処分すること」は手段であって、目的ではないはずです。

極端に言えば、信託という形を使った違法行為をしようとしているのではないかと思われる契約書もあったりします。皆さんが作られる契約書がそうならないように注意してください。

信託をすることによって、委託者が叶えようとする思い、目的をしっかりと明確にすることが必要です。

（2）やってはいけないこと

① ひな型の丸写し

信託の契約書作成においてやってはいけないことがあります。その代表例としては、書籍や他の人が作成したひな型の中の一部を変えるだけ、というものがあります。私が見た事例の中でも、関与している専門家が同じケースで、事案は全然違うのに名前だけ変えてきた契約書が出てきたというのがあります。

契約書というのは、契約当事者がこういう合意をした、ということを明確にするためのものです。よって、合意の内容が変われば、当然、契約書の内容も変わります。

信託法においては、前述のとおり強行法規（それに従わないと違法、無効となるような条文）は少なく、「信託行為に別段の定めがあるとき」はそれに従うという形で、信託の内容については自由設計となっている部分が多くあります。

ですから、その内容を踏まえた形で契約書を作成する必要があるのです。

よって、何にも考えずにひな型を丸写しすることは厳に慎む必要があります。ひな型はあくまで、一つの事例をもとに、その事例に対応するために作られたものなので、全く同じ事例であるような場合はともかく（それは基本的にはありませんが）、ひな型を理解することなく、そのまま使うことには問題があります。

　もっとも、ひな型を利用すること自体が全面的に否定されるものではない点も注意をしておかなければなりません。

　すべてを一言一句、自らで考えて作るのは多大な労力がかかりますし、誤りやすくなります。ひな型を参考にしながら、なぜひな型がそういう表現になっているのかを考えて、理解したうえで使うのであればひな型の活用は非常に有用なことです。

　繰り返しになりますが、単にフォーマットを作って、契約書の中の当事者の名前を変えるだけとするのは専門家としてするべきではありませんし、「ひな型にこう書いてあったからこうした」というのは、なにかトラブルが起きたときに信託を組成する専門家の免罪符にはならないという点は強調しておきたいと思います。

②　全部一人でやる

　信託の世界は、法務、税務、登記、少なくともその3つの面から検証をする必要があります。

　よって、契約書の作成にあたっても、その契約書に法務面の問題がないだけでは不十分で、課税リスクがないかの税理士の検証、登記がスムーズに行くかという点での司法書士の検証などは必須です。

　法務、税務、登記のほかにも、例えば人生設計をするという意味からファイナンシャルプランナーの方の力を借りるのも有用です。

　また、法務、税務、登記それぞれに業法の問題もあることから、業法違反の問題が生じないように留意する必要があります。

（3）本事例における契約書の実例

　本事例について、次のとおり契約書案を用意しました。

　この契約書案は、実際の事例をもとに、筆者らと別の家族信託に携わっている専門家が作ったものを書籍用に一部変更したものです（本章以下でも共通）。

本書では、他の書籍にない特徴として、この契約書案を見ながら、弁護士、司法書士、税理士がそれぞれの視点からの問題意識や気付きなどをコメントしていくスタイルを取り、解説をしていきます。

　なお、各事例を通して共通して影響のある基本的な論点に関しては、原則的に各事例において新たに言及していません。基本的論点に関しては、**契約書例1**の情報を中心にご確認ください。

　当初は、事例ごとにひな型を用意する内容とすることも考えていたのですが、それでは少し事案が変わったときに、対応ができずトラブルのもとになりかねません。前述のとおりひな型の弊害を生じさせることなく、読んでいただく方に参考になる方法はないか、という方法を筆者らで何度も打ち合わせをする中でこのスタイルをとることにしました。

　このやり方は、ひな型を作るよりも手間暇がかかって大変ですが、前述のとおり、ひな型をそのまま使うのでなく、考えて使うということをしていただくために、類著にない新しい取組みとして取り入れてみました。

　契約書の条文が「なぜそういう定めになっているのか」を考える一助として活用していただければ幸いです。

　なお、以下で示す考えは、あくまで筆者らの一つの考えで、それが絶対ではありません。「こう書いているけど、ここはこう考えるべきでは」ということが当然起こり得るものですので、その点もあらかじめ申し添えておきます。

【契約書例1】

不動産および金融資産等管理処分信託契約書

　Ｘ（以下、「委託者」という）とＹ（以下、「受託者」という）は、以下の条項により不動産および金融資産等管理処分信託契約を締結した。

（信託の目的）
第1条　本信託は、受託者において第2条記載の信託財産を適正に管理・運用・処分して受益者の生涯にわたる安定した生活の支援と最善の福祉を確保することを目的とする。また本信託では、信託財産をもって受益者の住居の維持費、医療費、看護療養費、施設利用費など各種費用の支払いに充てるものとし、受託者の裁量に基づき受益者の生活状況に応じた生活費等を給付することによりその目的を達成するものであり、これら以外の一時的な多額の給付はしないものとする。

（信託財産と契約の締結）
第2条　委託者は、受託者に対し、第1条記載の目的を達するために、下記の不動産および金銭等金融資産（以下、「本件信託財産」という）を信託し、受託者はこれを引き受けた。

（信託財産）
　（1）　不動産
　　　①　所　　在　　（略）
　　　　　地　　番　　（略）
　　　　　地　　目　　（略）

地　　積　　（略）
　②　所　　在　　（略）
　　家屋番号　　（略）
　　種　　類　　（略）
　　構　　造　　（略）
　　床 面 積　　（略）
　これらに附帯する設備、建築物その他一切のものを含み、以下「信託不動産」という。
　（2）　金銭等金融資産のうち金1,000万円
　（3）　信託不動産の売却代金および信託不動産に関して取得した保険金、補償金その他信託不動産の代償として取得した財産
2　委託者は、受託者に対する書面による通知により金銭および有価証券、不動産を追加信託することができる。

（受託者）
第3条　本信託の当初受託者は、次の者とする。
　　住　　所
　　氏　　名　　Y
　　生年月日
2　次の場合には、受託者Yの任務が終了し、第二受託者として下記の者を指定する。
　（1）　受託者Yが死亡したとき
　（2）　後見開始または保佐開始の審判を受理したとき
　　住　　所
　　氏　　名　　Z（Yの配偶者）
　　生年月日

（善管注意義務）

第4条　受託者は、信託財産の管理、処分その他の信託事務について善良な管理者の注意をもって処理しなければならない。

（受益者）

第5条　本信託の当初受益者は、委託者Xとする。

（受益権の譲渡等）

第6条　受益者は受益権を譲渡しまたは担保に供するなどの処分はできないものとする。

2　本信託の受益権は、相続により承継しない。

3　本信託において、受益権証書は発行しない。

（委託者の死亡）

第7条　委託者の地位は相続により承継せず、受益者の地位とともに移動するものとする。

（信託事務の委託）

第8条　受託者は委託者の指図に基づき、または自らの責任において、信託事務の一部を第三者に委託することができる。

（信託財産の給付等）

第9条　受託者は、信託財産の管理・運用・処分を行い、その信託財産の中から、次項の公租公課、保険料、修繕積立金その他の必要経費および信託報酬を控除し、積み立て、受託者が相当と認める額の生活費、医療費等を受益者に手

渡しまたは銀行振込みによる方法で支払う。

2 受託者は、本信託に伴う受益者の生活費、施設利用料等を支弁するに足る信託財産の給付ができなくなった場合は、受益者（または受益者の成年後見人等）の意見を聞き、信託財産である不動産を換価処分することができる。

（信託不動産の管理の内容）

第10条 受託者は、本信託の効力発生後速やかに信託不動産の引渡しを受け、以下の方法で、管理・運用・処分を行うものとする。

2 信託不動産については、委託者および受託者は、本契約終了後、本信託に基づく所有権移転および信託の登記手続を行うこととする。

3 受託者は信託不動産の管理事務を遂行するために必要があるときは、信託不動産の一部を無償で使用することができる。また第8条により受託者が選任した者に、信託不動産の一部を無償にて使用させることができる。

4 受託者は、信託不動産につき、受益者または受託者を債務者とする、抵当権、根抵当権、質権、譲渡担保その他担保に供することができる。

（信託金銭の管理・運用および使用方法）

第11条 受託者は、信託財産に属する金銭を、信託口口座による管理等を行うこととし、自らの固有財産とは分別して管理する。

2 受託者は信託財産に属する金銭を用い、信託不動産に関する公租公課・修繕費・火災保険料・第8条に記載の者への報酬・その他信託財産の維持管理に必要な一切の費用の

支払いのために用いることができる。

3　受託者は、信託財産に属する金銭を、老朽化した不動産の処分および解体、新規の不動産の取得および建築のために用いることができる。

4　受託者は、本信託の目的を達成するため金銭の借入れを行い、その金員を信託財産に属する金銭とした場合には、借入金の返済を信託財産に属する金銭から行うこととする。

5　受託者は、信託目的に沿って信託財産を善良なる管理者の注意をもって元本が保証された預貯金として管理・運用・処分するものとする。

（信託の計算）

第12条　本信託にかかる計算期間は、毎年1月1日から同年12月31日とし、計算期間の末日を計算期日（以下、「計算期日」という）とする。ただし、最初の計算期間は、本信託の効力発生日からその年の12月31日までとし、最終の計算期日は、直前の計算期日の翌日から信託終了日までとする。

2　受託者は、本信託計算期日に信託の計算を行い、その後1カ月以内に信託財産の状況に関する報告書および信託計算書を作成し、これを受益者（または受益者の成年後見人）へ報告するものとする。

（信託契約の解除等）

第13条　経済事情の変化、天災地変その他やむを得ない事由により信託目的の達成が不可能または極めて困難となったと判断されるとき、受託者は本信託契約を終了させることができる。

2　前項の場合を除き、本信託期間中は解除することができない。

（信託の期間）
第14条　本信託期間は、本信託契約締結日から次の事由が生じた時までとする。
（1）　委託者兼受益者Ｘが死亡した時
（2）　信託財産が消滅した時
（3）　前条により本信託契約が解除されるまで

（信託の終了）
第15条　本信託は、次のいずれかの事由が生じた場合に終了するものとする。
（1）　第14条各号の事由があったとき
（2）　その他信託法に定める終了事由が生じたとき

（信託終了時の信託財産の帰属等）
第16条　信託が終了した場合は、信託終了時の受託者が清算受託者となり、現務を結了して清算事務を行い、残余の信託財産を帰属権利者に引き渡し、かつ名義変更等の手続きを行う。
2　前項の場合において、清算受託者は、最終計算について、残余財産帰属権利者の承認を求めるものとする。
3　第14条第２号、第14条第３号の事由により信託が終了した場合の残余財産帰属権利者を受益者Ｘとし、現状有姿のまま帰属させる。
4　第14条第１号の事由により信託が終了した場合の残余財産帰属権利者はＹとし、現状有姿のまま帰属させる。この

場合、YがXよりも先に死亡していた場合、Yに帰属させるとした残余財産をZに帰属させるものとし、YおよびZがXよりも先に死亡していた場合、Yに帰属させるとした残余財産をYの法定相続人に法定相続分割合で帰属させるものとする。

（信託報酬）
第17条　受託者の報酬は無償とする。

（信託の変更等）
第18条　本信託は、本信託の目的に反しない限り、受託者と受益者または受益者の成年後見人との合意により変更することできる。
2　本信託契約書に定めがない事項は、信託法その他法令に従う。

　以上、本契約を証するため、本書2通を作成し、当事者全員が次に署名押印する。

　　年　　　月　　　日

（委託者）住所

　　　　　　　氏名　　　　　　　　　　　　　　　　印

（受託者）住所

　　　　　　　氏名　　　　　　　　　　　　　　　　印

8　法務・税務・登記の観点からのコンメンタール

　以下では、この契約書について、法務、税務、登記の面から、気付きを述べます。なお、今回言及する以外の問題点等もあり得ますし、今は正しくても今後信託法の解釈等が明確になった結果、あてはまらない内容も出てきますので、その点もあらかじめお伝えしておきます。

（1）契約書への気付き

①　契約書全体（税務）

　今回取り上げるすべての事例において、税務の話を取り上げるため、最初に信託税務の概論的な話をいたします。少し難しい話となりますが、ご容赦ください（契約書の個別の条項の指摘を確認したい方は一旦先に進んでいただくのも良いと思います）。

　現在の信託税制は、①受益者等課税信託、②集団投資信託、③法人課税信託、④退職年金等信託、⑤特定公益信託等の５種類があります。

　その中で、基本的に家族信託に関係する類型は①の「受益者等課税信託」であり、現在普及している信託契約の多くがこれに該当します。また、信託契約の内容によっては特殊な課税を受けてしまった場合や、受ける可能性のある③の「法人課税信託」があります。その他の類型に関しては本書のテーマである家族信託にあまり関係がないので、今回は割愛します。

　家族信託は、財産の所有者（委託者）が、一定の目的を実現するために、所有する財産（例えば、金銭・不動産・同族株式等）を信頼できる親族等に託し（信託財産）、その託された親族等（受託者）が、その維持・管理・処分・給付を、特定の親族（受益者）のため

に行う仕組みです。

　この仕組みの中で、委託者と受益者が同一人である場合は、経済的な利益は移転していないため原則的に課税が起きることはありません（いわゆる「自益信託」）。信託契約組成時のスタートは、この委託者と受益者が同一人物であるパターンが多く見受けられます。

　税務の観点から契約書をチェックするにあたって、まず家族信託の中心的な論点になるこの「受益者等課税信託」を軸に、「委託者（個人または法人）」「受益者（二次受益者・最終の帰属権利者）」「信託財産（財産の種類・価額）」を確認します。そして、思わぬ課税が起こらないために関連する特殊論点も確認していきます。

　特殊な場合を除き、原則は経済的な利益を受ける受益者が課税対象になりますが、想定外の課税が起きる場合があります。それは、受託者が課税される「法人課税信託」に該当する場合と、受益者以外の想定していない者が「特定委託者」として課税される場合です。

　後半の他の論点でも少し詳しく記載しているため、ここでは概要にとどめます。

【法人課税信託】（詳細はP.241〜）

　家族信託で該当する可能性がある相続税法上の「法人課税信託」とは、簡潔に説明すると、㋐受益証券を発行する旨の定めのある契約の場合、㋑受益者が存在しない契約の場合、㋒委託者が法人であり一定の要件を満たす契約の場合、等に該当するものをいいます。

　代表的な法人課税信託の事例は、㋑の受益者が不存在となるペット等の動物の信託などがあげられます。家族同然にペットを飼っている方も多いですが、ペットなどの動物は、法律上は「動産」と位置付けられます。そのため、受益者を動物であるペット自身として契約で設定してしまうと、受益者が不存在の法人課税になってしまいます。このような大切なペットのためにする信託

に関しては、受益者が不存在とならないように契約に配慮する必要があります。また、その他の場合においても、ある一定時点の信託契約期間中に受益者が不存在になることがないかの確認も必要です。

【特定委託者】

「特定委託者」については、⑦信託の変更をする権限（軽微なものを除く）を有し、①その信託の信託財産の給付を受けることとされている者、の２つの要件を満たす場合は、「特定委託者」として受益者とみなされる可能性があります。

例えば、当初は一見自益信託でスタートするような信託に見えても、信託の内容を好き勝手にできる立場の人がいるとすると、その後、信託の内容を勝手に変更し、信託から得られる経済的利益を独り占めしたりすることができます。このように、信託の内容を自由に操作できてしまい、信託財産を自分のものにすることが容易な立場であり、経済的利益を受けることができる受益者と実情があまりかわらない人にはあらかじめ課税をしようという考え方があります。

このことから一見すると、税務にはあまり関係がなさそうに見える「信託の目的」と「信託の変更権限」には注意が必要になります。

また、不動産の信託案件を受ける際には、不動産に関連する債務の有無も確認します。それにより、金融機関の対応等を含めた難易度を図ることもできますし、関連する問題点の解消や金融機関との調整等の労力から、全体の報酬額も変わってくるため重要な情報になります。

債務の論点に関しては他の論点で詳しく取り上げますが、信託する不動産が担保に入っているかどうかで、取るべき対応が大きく変わってきます。担保がない不動産であれば委託者の自由な信託を組

むことができますが、金融機関の担保がついている場合には、その担保権者たる金融機関の了解を取ることが不可欠になり、了解が得られないと実務上信託をすることが難しくなります。

　不動産の信託については、信託財産が今回のような自宅やアパートのような収益物件の場合があり、自宅は比較的税務リスクが少ないですが、収益物件は不動産債務が存在する場合が多く、債務控除の論点や他の種々の潜在的な税務の問題点や不明点を解消する必要があります。

　この家族信託の債務控除の論点に関しては、まだ一部不明瞭な部分が残るため各専門家の間でもこの点に対する様々な対処方法等の見解が示されていて、今後の動向を追いかけながら案件のサポートを行う必要があります。

　今回は信託契約が誰から誰に対する経済的利益の移転になるのかを確認してみると、本件は「委託者X」＝「受益者X」のため契約書作成時に贈与税等を課税されることはありません。また、不動産債務もないため、信託にまつわる債務控除の論点も問題がなさそうです。このような不動産の信託の場合には、不動産流通税に関しても影響があるため、その詳細に関しては後の事項等で解説します。

（2）個別の条項

　以上のことを前提に個別の条文について、法務、税務、登記の各側面から解説します。なお、事例ごとに同じ注意点がある場合は以後基本的には省略していきます。

○　第1条（信託の目的）

　第1条においては、信託の目的を定めるケースが多く、本契約書もそれに従った形で作られています。

○○ 法務

　信託の目的は、受託者の行為の指針としての意味を有するもので

あり（信2⑤）、また、信託の終了原因にもなり得る（同163一）ものであるなど、重要なものです。

　もっとも、本契約書においては、「また」以降において、信託財産からの受益者への給付の方法を記載していますが、これは信託目的達成のための「手段」についての記載であり、第1条に定めるよりも、受託者の権限に関する規定（本契約書では、第9条（信託財産の給付等））で盛り込むほうが良いと考えられます。すでに述べたとおり、信託の目的とは「信託を使うことによって叶えたい思い、希望」であり、それが何であるかがこの条項からわかることが必要です。

　また、契約書の一般論としては、1つの文章が長く続いたり、「また」でつながったりするのは避けたほうが読みやすいと思われます。今回の場合だと、目的の文章が長くなっている点が少し気になります。この点の工夫としては箇条書きを活用することなども考えられるところです。

　なお、最近の契約書においては、この目的の前に「前文」を置くものも散見されます。例えば、「委託者である○○は、これまで一生懸命頑張って築いてきた財産について、将来このような形で活用してほしいという思いがある。その思いを叶えるためにこの度、家族信託をする。」とういように、思いや背景などを明記するのがその一例です。

　法務上は特段必要がないと思われますが、遺言の付言事項のような内容を冒頭に持ってくることで、関係者の理解を深め、トラブルを予防するという観点からは一つの手法としてあり得ると思われます。

　このケースにおいては受益者が1人のため、問題になりませんが、受益者が複数名いるときに、受益者ごとに目的が違う場合があります。この場合は、受益者という記載ではなく、受益者○○○○と具体的に氏名を記載したほうがわかりやすいです。

　その他、信託目的が多岐にわたる場合もあります。その場合は、箇条書きにしたり、段落を目的ごとで分けて記載したりするほうが望ましい場合もあります。

　将来的に何か問題が起きた場合、信託契約書に記載がない場合、最終的には信託目的に沿っているかどうかで判断されます。信託目的をいかに明確に、わかりやすく書くかは専門家の腕の見せ所です。

●信託法2条5項

> 第2条（定義）
> 5　この法律において「受託者」とは、信託行為の定めに従い、信託財産に属する財産の管理又は処分及びその他の信託の目的の達成のために必要な行為をすべき義務を負う者をいう。

◎◎ 税務

　通常最初に記載される「信託の目的・趣旨」に関しては、一見すると税務の観点ではあまり関係がないような気がしますが、前述した「特定委託者」に該当するか否かの論点の一つである「信託の目的」が表記されている箇所になります。ですから、後の条項で「信託の変更」について何らかの記載がある場合は、この信託の目的に反しない程度の変更権限となっているかを確認し、強力な変更権限を持つ者の特定委託者としての課税リスクを極力排除する必要があります。特定委託者に該当すると、信託設定時に委託者兼受益者という設定をしていても、委託者以外の者に想定外の贈与税が課税される可能性があるため、このリスクは可能な限り排除したいところです。

　また、「受益者」（第5条）の条項では特に問題なく自益信託としているのに、「信託の目的・趣旨」の条項で「受益者およびその扶養家族に対し〜」といった少し広げて受益者以外の人物を経済的な

利益の給付対象者としている場合には、信託法上の設計の問題や他益信託（委託者と受益者が異なる信託）として、贈与税が課税される可能性があるため、そのような内容になっていないかの注意が必要になります（相9の2⑤参照）。

なお、特定委託者とは、信託の変更をする権限（信託の目的に反しないことが明らかな場合に限り信託の変更をすることができる権限（軽微な変更）を除き、他の者との合意により信託の変更をする権限を含む）を現に有し、かつ、その信託の信託財産の給付を受けることとされている者（受益者を除く）をいい、さらに、この信託の信託財産の給付を受けることとされている者には、停止条件が付された信託財産の給付を受ける権利を有する者（信託が終了した場合に、残余財産の給付を受ける権利を有する者）を含むこととされています。

本契約書では、信託の目的に反しない範囲での変更権限を第18条で記載しており、また、受益者以外の者の経済的利益の取得者が想定されるような内容が記載されていないため、問題がないと思われます。

◎◎ 登記

信託の目的は、信託目録に記載され登記される形となり誰でも見られる状態となりますので配慮が必要です。契約書作成の段階で、目的が登記されることを考慮して、目的を決める必要があります。

○ 第2条（信託財産と契約の締結）
◎◎ 法務

家族信託においては、何を信託財産とするかは非常に重要です。

[1] 第1項

本契約書では、信託財産の欄に不動産の表示をしていますが、信

託する不動産の物件の数が多い場合、物件の表示が続いてしまい見にくくなってしまうことがあります。その場合は、「別紙物件目録記載のとおり」として契約書の最後に物件目録を付けておくのが良いと思われます。

　本契約書では、信託の対象となる財産を決めており、相談者の有する不動産のほか、金融資産として1,000万円を入れています。

　本事例では、5,000万円の金融資産を持っている想定ですが、これだと4,000万円が相談者Xの個人の口座に残ることになります。

　一旦信託を設定した後、追加信託をする予定であればこれでも良いと思われますが、今回の事例において、Xのところにあまり高額な金銭を残しておくよりも、Yに管理を委ねたほうが良いと考えられることから、金額についてはもう少し高額でも良いかもしれません。

　もっとも注意したいのは、「金銭全額を信託する」ということが適切かということです。全額を信託してしまうと、手元にお金が残らなくなります。委託者の手元に当面使う生活費等については残しておく、ということも検討する必要があります。

　実際に信託の相談を受けていると、一旦金銭を信託してしまうと、もう自分で自由には使えないと思っている委託者が結構多くいます。受託者に金銭の管理を任せているだけで、委託者にお金が必要な場合は受託者から渡してもらえますので、一切使えなくなるわけではない旨を伝えると安心される場合が多いです。今までどおり自分の手元に一定のお金を残しておくことも、この不安の解消につながります。

　そして、本契約書においては（3）で、保険金や不動産の代償として受け取った財産、が定められています。信託法16条において、「信託財産に属する財産の管理、処分、滅失、損傷その他の事由により受託者が得た財産」は信託財産となるとされていることから不要にも思われますが、この条文を置くことであえて明確にする、と

いう意図があれば置くこともあり得ると思われます。

　ここでお伝えしておきたいのは、上記のことを認識したうえで契約書の条項を検討することが重要だということです。

●信託法16条

> 第16条（信託財産の範囲）
> 　信託行為において信託財産に属すべきものと定められた財産のほか、次に掲げる財産は、信託財産に属する。
> 　一　信託財産に属する財産の管理、処分、滅失、損傷その他の事由により受託者が得た財産
> 　二　（略）

［2］第2項

　追加信託とは、信託契約締結後に追加で信託をすることをいいますが、信託法に定められているものではありません。ところが、実際の契約書にはよく入っています。なぜなら、この定めがないと金銭等を追加で信託財産としたい場合には、改めて信託契約書を交わさないといけなくなること、また金融機関によっては追加信託の定めを入れてほしい旨を指示されることがあるからです。

　本契約書では、追加信託の対象として金銭のほか、有価証券が可能となっていますので、この点について少し補足します。

　有価証券（上場株式を想定）については、数年前までは家族信託の対象にならない財産の代表例としてあげられていました。今では一部の証券会社が対応しているという話も聞きますが、まだまだ対応している証券会社は多くありません。信託の財産を決めるにあたっては、そもそもその財産が信託できるのか、というところの検討は不可欠です。上場株式については、信託をした後の名義変更が可能かなど、実務上クリアしないといけない課題も多い点には注意が必要です。きわめて実務的な問題になるため、実際に上場株式を

信託する場合には、あらかじめ証券会社等に問い合わせたうえで対応すべきでしょう。

なお、非上場株式については、事業承継の一つの手法として「株式信託」の項でとり上げます。

また、本契約書では不動産についても追加信託の対象とされています。「不動産を追加信託できる」という条項があればいつでも追加信託できる、という見解も聞きますが、少し疑問があります。

そもそも不動産を追加信託できるという条文があったとしても、どの不動産を追加信託するのか、という物件の特定性は必要だと思われます。また、当初の信託契約において委託者に判断能力があったものの、その後、判断能力を失った後で、「不動産を追加信託できる」という条項に基づいて委託者名義の不動産を追加信託できるかというと、追加信託も法律行為の一つである以上、その追加信託時点で財産の所有者たる委託者の判断能力がない場合、不動産の追加信託および登記申請について委託者の意思確認ができないことから、現実的には難しいのではないかと思われます。

信託組成時に一部の不動産のみ信託したいという相談者もいます。というのも、不動産を信託する際の登録免許税を節約したいからという理由が多い印象があります。しかしながら、上記で記載したように、委託者が判断能力を喪失してしまうと不動産の追加信託はできなくなってしまう可能性がありリスクが生じます。

また、不動産が収益物件のような場合、信託していない不動産と信託した不動産においては、税務申告の際、損益通算ができないことなども説明して、なるべく信託をしようと思っている不動産については、最初の段階でまとめて信託契約に入れ信託登記をするよう説明するなどの工夫が必要です。

　信託財産の項目については、相続税・贈与税課税の金額の検討の柱になる経済的な価値の基準となる財産の種類・価額が記載されている条項であり、この信託財産の内容に応じて受託者が税務署に提出しないといけない書類が発生するか否かの論点でもあります。

　第3章で受託者の業務フローに関する詳細を記載しているため、ここでは概要にとどめますが、受託者は原則として、「信託に関する受益者別調書」と「信託に関する受益者別調書合計表」を、信託設計時に受託者の所在地の所轄税務署長に、各事由が生じた日の属する月の翌月末日までに提出しなければなりません。

　しかし、各事由が発生したすべての場合について提出が必要ということではなく、信託財産の相続税評価額が50万円以下である場合や、設計時に委託者と受益者が同一である場合等には、提出する必要はありません。

　また、受託者の業務として、「信託の計算書」と「信託の計算書合計表」を、受託者の所在地の所轄税務署長に毎年翌年の1月31日までに提出しなければなりません。

　しかし、これもすべての信託について提出が必要なわけではなく、その信託の収益の額の合計が3万円（計算期間が1年に満たない場合は1万5千円）以下の場合は、信託の計算書を提出する必要はありません。

　本事例では、本件では当該条項のみの情報では信託財産の相続税評価額は50万円超であり受託者が調書を提出しなければならない可能性がありますが、後の第5条の受益者の条項で、委託者と受益者が同一であるため、受託者は上記の調書の提出は不要ということになります。

　また、本事例ではアパートのような収益を得るような物件ではなく自宅の不動産や一定の金銭が信託財産とされているため、受託者の翌年の1月末までの提出書類である信託計算書等の提出は不要に

なります。

　信託の受託者が何をしなければならないか、という点については本書以外にも詳細な説明がある『民事信託　受託者の実務』（一般社団法人民事信託活用支援機構編、日本法令）にわかりやすくまとまっているので、参考にされるとよいでしょう。この書籍には、受託者が行う業務チェックリストや家族信託の実務に重要な法律の抜粋が付録としてついていますので、手元においてあると便利です。

◎◎登記

　信託不動産を登記することになるため、信託契約書には信託する不動産の登記事項証明書の記載どおり記載する必要があります。また、非課税の不動産や道路の共有持分等不動産に漏れがないか、課税漏れの未登記の建物がないか等の確認が必要です。

○　第3条（受託者）

◎◎法務

[1] 第1項

　本事例では、年齢等を明確にしていませんが、受託者については、年齢に注意をする必要があります。

　家族信託において受託者が元気に財産を管理ができることが重要であることから、あまり高齢な方を受託者とした場合、今はよくても10年後、20年後には問題が生じることもあるので、留意する必要があります。

　ちなみに、受託者の要件については、信託法7条で、「信託は、未成年者を受託者としてすることができない。」と定めているのみですので、「家族」だけに限られているわけではありません（従前は、成年被後見人や被保佐人も欠格事由となっていましたが、改正で削除されています）。

ただし、注意しておきたいのは、弁護士や司法書士、税理士など
の士業が「業」として受託者になることは一般的に信託業法違反と
考えられているので、専門家自らがそのことを知らずに受託者にな
ることのないように注意をしてください。

[2] 第2項

　家族信託を組成する場合、気を付けるべき点がいくつかあります
が、その中の一つに、「予備的受託者」の設定があります。

　遺言を作成するときにも、予備的受遺者を設定したりすることが
あるのと同じように、受託者に万が一のことが起き得ることは想定
しなければなりません。

　人は必ずしも年齢順に亡くなるわけではありません。特に家族信
託においては、設定後長期間にわたって信託の仕組みが続くことか
ら、設定時には元気な人であっても、その人が20年、30年後どうな
るか、ということも考えないといけません。家族信託においては、
時の経過を意識する必要があります。

　仮に受託者の年齢が若かったとしても、交通事故等に遭ってしま
い受託者が委託者より早く亡くなってしまう可能性もありますの
で、第二受託者、第三受託者くらいまで設定できるのが理想です。
本契約書では、予備的受託者が規定されているのは、良い点である
といえます。

　ただし、第2項(2)の「後見開始または保佐開始の審判を受理した
とき」という表現について、誰についてか不明であること、また審
判は「受理」するものではないため少し不適切です。

　◎◎ **税務**

　受託者は家族信託の業務の遂行者であり、一般的に信託期間中は
信託報酬の支払いを受けず委託者の信託目的を達成するために尽力
し、終了時にはその功労からその財産の帰属権利者として残余財産

を取得するといった内容の信託契約が多く流通しています。

　そのため、前述した「特定委託者」の論点で、「停止条件が付された信託財産の給付を受ける権利を有する者（信託が終了した場合に、残余財産の給付を受ける権利を有する者）」に該当する契約が多く、この時点で特定委託者の2つの要件のうちの1つを満たしてしまうことになります。

　したがって、受託者は委託者の次に特定委託者の要件を満たす可能性が高い立場といえます。「特定委託者」の論点は、現段階では実務の集積がないため今後の情報を待つ必要がありますが、前述した信託の変更権限を信託の目的に反しない範囲での軽微な変更のみである旨を記載することなどが、思わぬ課税の防止策になるといえます。

　補足ですが、信託法89条1項（受益者指定権等）に規定する受益者指定権等を有する者が、信託財産の給付を受ける権利を有している場合も、「特定委託者」に該当するとされています。

　この税務の観点からの「特定委託者」の論点に関しての警戒は、信託の様々な可能性を狭めてしまうことになりますが、信託契約を組成する際は税務の担当をされる方は慎重になる必要があります。

　総括すると、信託契約上の受益者以外の者でも、契約の内容によっては、「特定委託者」として、受益者とみなされ課税されてしまう可能性があるため、①信託財産の帰属権利者に一定以上の強力な変更権限を持たせない、②帰属権利者を失念しない（帰属権利者を予期せぬ者に該当させない）、といったポイントを意識して信託契約書を作成する必要があります。

　本契約書では、受託者はY（親族外の功労者）、第二受託者はZ（Yの配偶者）となっており、信託期間中の報酬は無報酬であり、第14条（信託の期間）、第15条（信託の終了）、第16条（信託終了時の信託財産の帰属等）の条項では、委託者兼受益者Xが死亡した場合には、①Yが残余財産帰属権利者と、②YがXより先に死亡の場

合はＹの配偶者であるＺが残余財産帰属権利者と、③Ｙ・Ｚ共に以前死亡の場合はＹの法定相続人に法定相続分割合で帰属させると、記載されています。

このことから、①の場合にはＹが、②の場合にはＺが、③の場合にはＹの相続人が、「特定委託者」の２つの要件のうちの１つ、「停止条件が付された信託財産の給付を受ける権利を有する者（信託が終了した場合に、残余財産の給付を受ける権利を有する者）」に該当していますが、第18条（信託の変更等）で「信託の変更権限」を軽微なもののみに指定することで、もう１つの要件に該当しない手当てが行われています。

○　第５条（受益者）

◎◎ 税務

原則的に委託者と受益者とが異なる信託（他益信託）の場合に課税が発生します。時系列的に確認していきます。

［１］贈与・遺贈により取得したものとみなす場合

現在組成されている信託契約の大多数は、特にエラーを起こしていない限り「受益者等課税信託」に該当します。

その受益者等課税信託ですが、委託者が財産を受託者に信託し、受益者が受益権を受ける信託の仕組みの中で、税務上は委託者から経済的利益を受ける受益者のみが課税されるパススルー課税（信託された受託者に課税されず、受益者のみに課税される仕組み）となっています。

税務は原則的に「税法上の受益者」に課税が発生するため、経済的利益を享受する受益者をまずはシンプルに追いかけていくことになります。特殊な場合を除いて、原則は誰から誰に利益が移転しているのかを押さえる必要があります。

多くの信託契約は、信託設計時に委託者＝受益者となっているた

め課税は発生せず、その後に委託者＝受益者が亡くなった場合に、二次受益者等または残余財産の帰属権利者に信託に関する権利が移転した際に、相続税の課税を受けることとなる契約書が中心になります。

　それに対し、前述のような委託者≠受益者で、委託者ではない個人が適正な対価を負担せずに受益者となった場合は、経済的な利益を得た状態であるため受益者は信託に関する権利を贈与（または死亡を起因とする場合は遺贈）により取得したものとみなされます。

●相続税法9条の2第1項

> （贈与又は遺贈により取得したものとみなす信託に関する権利）
> 第9条の2　信託の効力が生じた場合において、適正な対価を負担せずに当該信託の受益者等（受益者としての権利を現に有する者及び特定委託者をいう。以下この節において同じ。）となる者があるときは、当該信託の効力が生じた時において、当該信託の受益者等となる者は、当該信託に関する権利を当該信託の委託者から贈与（当該委託者の死亡に基因してその信託の効力が生じた場合には、遺贈）により取得したものとみなす。

［2］新たな受益者等が存在することになる場合

　委託者が受益者と同一人の信託（自益信託）を活用して、共有不動産問題や認知症対策等を行うために家族信託を活用していることは多いかと思います。

　一般の家庭で活用されている信託契約のほとんどが、当初は委託者兼受益者の自益信託で、それから展開させるスキームです。そのような自益信託の組成の場合は、贈与や譲渡の課税問題が当初に発生することはありません。しかし、委託者兼受益者である父親の死亡後は、推定相続人である息子等を第2受益者とするようなケースも多くあります。その際は、当初受益者の父親から新たな受益者で

ある息子等に相続したものとみなして、相続税（死亡以外の要因で受益者を変更する場合は新たな受益者に対して贈与税）が課税されます。

［3］受益者が複数人で一部の受益者が存在しなくなった場合

　委託者が父、受託者が息子、当初受益者が父⇒父死亡時の受益者：孫A・孫Bといった信託契約のように、受益者を複数人設定している場合で、孫A・孫Bのいずれかが亡くなった場合はどうなるのでしょうか。通常は信託契約の条項で次の受益者について言及がある場合が多いのではないでしょうか。

　孫A・孫Bのいずれかが亡くなった場合に、信託契約でそれぞれの受益権を孫A・孫B以外のほかの誰かに移転する旨の記載があるときは、移転されて受益権を新たに取得する方が相続で取得したものとみなされ相続税が課税されます（相法9の2②）。

●相続税法9条の2第2項

> 第9条の2
> 2　受益者等の存する信託について、適正な対価を負担せずに新たに当該信託の受益者等が存するに至った場合には、当該受益者等が存するに至った時において、当該信託の受益者等となる者は、当該信託に関する権利を当該信託の受益者等であった者から贈与（当該受益者等であった者の死亡に基因して受益者等が存するに至った場合には、遺贈）により取得したものとみなす。

　また、孫A・孫Bのいずれかが亡くなった場合に、信託契約で各人の受益権がどちらかに移転する旨の記載があるときは、移転されて受益権を取得する方が相続で取得したものとみなされ相続税が課税されます（相法9の2③）。

●相続税法9条の2第3項

第9条の2
3　受益者等の存する信託について、当該信託の一部の受益者等が存しなくなった場合において、適正な対価を負担せずに既に当該信託の受益者等である者が当該信託に関する権利について新たに利益を受けることとなるときは、当該信託の一部の受益者等が存しなくなった時において、当該利益を受ける者は、当該利益を当該信託の一部の受益者等であった者から贈与（当該受益者等であった者の死亡に基因してその利益を受けた場合には、遺贈）により取得したものとみなす。

　上記のように、複数の受益者が存在する信託の場合に、想定外の人が課税されないように注意する必要があります。契約書の中で受益者のつながりが断絶していないか、受益者が不存在になってしまうことがないかを確認していきます。

　また、依頼者からヒアリングする際には、依頼者のニーズをスキーム化したときに上記のような問題が出る場合は、逆に「Aさんに万が一のことがあった場合はどうお考えでしょうか？」といった質問を投げかける等の支援を行います。

　既存の受益者に思わぬ課税が発生しないよう受益者の流れを確認し、また、法人課税信託に該当しないために信託期間中に受益者が不存在の状態を作らないようにする注意が必要になります。

　この点は、弁護士や司法書士が作った契約書をチェックする際に、時系列的に受益者が信託契約設計時から信託期間中どのように推移しているか、税理士も留意すべき点となります。

　また、原則的な課税の論点に関しては、信託契約書の設計時や信託期間中、委託者＝受益者であるため贈与税課税は発生しません。

○ 第6条（受益権の譲渡等）

○○ 法務

［1］第2項

本契約書では「本信託の受益権は、相続により承継しない」と定めていますが、本信託は第14条、第15条で定めているとおり、委託者兼受益者であるXが死亡したら終了する信託です。

よって、Xが死亡したら、つまり相続が発生したら、受益権は消滅することから、「相続により承継しない」のは当然のこととなり、不要であるとも考えられます。ただし、受益権が相続の対象とならないことを明記したい、ということであれば入れることもあり得ますが、その場合には「本信託の受益権は、Xの死亡時に消滅し、相続により承継しない」とするほうが丁寧です（登録免許税については、**コラム5**を参照）。

［2］第3項

世に出回っている契約書の書式の中には、本契約書と同様、受益権証券は発行しない、という規定を設けているものも多いです。

ただし、信託法185条では、「信託行為において…受益証券を発行する旨を定めることができる」となっており、発行する場合のみその旨を規定すればよいことから、この条項は、法律上は不要であると思われます。もっとも、書いてあったからといって問題があるわけではない点も付け加えておきます。

なお、世の中に出回っている契約書には「受益証券」と「受益権証券」の2種類の表現が使われていますが、法律上は「受益証券」が正しいものとなります。

◉◉ 税務

　税務に関しては、受益証券の発行について不発行を記載することで、法人課税信託に該当しないことを明確にしておくほうがよいでしょう。この点は、上記法務の視点と異なります。

　本条は、第3項で、受益権証書は発行しないと、記載しているため問題ありません。

○　第7条（委託者の死亡）

◉◉ 法務

　この条項は最近の契約書によく見られる条項です。

　信託契約書のひな型においては、本事例のように、委託者が死亡したら信託が終了するというパターンでは「委託者の地位は死亡により消滅する」という記載となっているものもあります。

　これは、信託法147条の反対解釈の中で、契約による信託においては、信託契約に特段の定めがない限り、委託者の地位が相続により消滅せず、委託者の相続人に帰属することになることから、委託者の地位の分散を防止するため、そのように規定しているものです。

◉◉ 税務

　法務の観点では上記の考えが正しいと思われますが、登録免許税法の適用の関係で、興味深い事例があります。その内容を踏まえたうえで設計する必要があります（**コラム5**参照）。

　登録免許税の課税リスクを避けるという意味では、このような規定ぶりにしておくのが望ましいでしょう。

[1]　委託者の地位の承継

　委託者の地位の承継と不動産流通税の話の前に、確認しておきたい論点があります。

　ご存じのとおり、家族信託には委託者・受託者・受益者の3者の

登場人物がいます。そして、家族信託には、①信託契約、②遺言信託、③自己信託の３つの方法があります。

　その中で多くの方々に活用されている方法は、①の信託契約です。信託契約では、自らの財産を託す委託者と、その財産を託されて管理等を行う受託者が契約を結ぶことで、家族信託がスタートします。受託者は受益者のために信託財産の管理等を行い、受益者はその信託財産から生まれる利益を享受します。

　このように家族信託が始まると、受託者と受益者は随時登場することになりますが、委託者に関しては信託期間中の役割はそう多くありません。

　また信託法には146条に委託者の地位の移転と、147条に遺言信託における委託者の相続人について、以下のように規定されています。

●信託法146条と147条

（委託者の地位の移転）
第146条　委託者の地位は、受託者及び受益者の同意を得て、又は信託行為において定めた方法に従い、第三者に移転することができる。
2　委託者が２人以上ある信託における前項の規定の適用については、同項中「受託者及び受益者」とあるのは、「他の委託者、受益者及び受益者」とする。
（遺言信託における委託者の相続人）
第147条　第３条第２号（遺言信託）に掲げる方法によって信託がされた場合には、委託者の相続人は、委託者の地位を相続により承継しない。ただし、信託行為に別段の定めがあるときは、その定めるところによる。

　このように信託法147条には、「遺言信託」の場合は委託者の相続が発生した場合にその委託者の地位は相続されないと規定されています。これは、家族信託は通常の相続で財産を承継する場合とは異なり、当初委託者の意思を反映した自由な設計に基づく「受益者」

5　委託者の地位の承継と登録免許税および不動産取得税

　信託契約の終了に伴って受益者が受ける所有権移転登記にあたって、登録免許税は1000分の４なのか1000分の20なのか、という点について、東京国税局平成29年６月22日回答および名古屋国税局平成30年12月18日回答があり、そこでは、登録免許税法７条２項の適用にあたっての要件について回答されています。

　これらの見解を受けて、委託者の地位を死亡により消滅させないようにするひな型が増えてきています。例えば、「委託者の地位は相続によって承継せず、受益者の地位とともに移転するものとする」などとするのがその例です。

　主として司法書士の方になると思いますが、登記の際の登録免許税が予期せぬ形で1000分の20にならないよう、下記の東京国税局回答および名古屋国税局回答を踏まえた対応が必要となります。

（参考：東京国税局HP）

https://www.nta.go.jp/about/organization/tokyo/bunshokaito/
sonota/03/index.htm

（参考：名古屋国税局HP）

https://www.nta.go.jp/about/organization/nagoya/bunshokai
to/sonota/181200/index.htm

と、信託で想定している流れでは想定外である「委託者の地位を相続した相続人」との権利関係が複雑になり利害関係が相反するケースが想定されるためです。

　また、実務的に広く活用されている「信託契約」の場合には、上記の条文の構成からわかるように、委託者の地位の相続については明記されておらず、そのことから信託契約に関しては、信託契約の中に定めがない限り、委託者の地位は相続されると一般的に解釈されています。

　委託者の死亡により相続人がその地位を承継することにより、委託者は受託者の解任等の権利を持つため、委託者の地位を引き継がせることで当初の委託者が望まない後の当事者間同士のトラブルが発生し得ます。それを防止する観点から、「委託者の地位は相続により承継しない」という内容を記載する信託契約書が活用されてきました。法務上の観点からは、この対応は正しいと思われます。

　最近では、「委託者の地位は相続により承継せず、受益者の地位とともに移動するものとする」という規定が注目されてきています。これは、委託者の持つ権利を理解したうえで委託者兼受益者という図式を保ちながら、委託者の地位を次の受益者が承継することで信託の目的を達成するために追加の信託財産が必要になった場合にも対応することができます。そして、残余財産の帰属権利者が不存在の場合等に、委託者または委託者の相続人が帰属権利者とみなされるため、このような想定外の人に委託者の地位を引き継がせないことが、後のトラブルを防止するという観点からも有効な手段になります。

　また、「委託者の地位は相続により承継せず、受益者の地位とともに移動するものとする」という委託者の地位の承継方法が、**コラム5**の東京国税局と名古屋国税局の回答にもある、登録免許税と不動産取得税の特例の適用にも影響を与えることになります。

［2］登録免許税・不動産取得税に関する事例

　例えば、ありそうな事例で置き換えて考えてみます。

〔前提条件〕

　　委託者：父A、受託者：子C、受益者：父A（第二受益者：母
　　B）、帰属権利者：子C

　　信託財産：不動産

　　補足：既に父Aは死亡、今回母Bが死亡し、信託終了

　まずわかりやすくするために、後述する登録免許税法の7条2項
の要件を①から③に区切ってみます。「信託財産を受託者から受益
者に移す場合」を①、「当該信託の効力が生じた時から引き続き委
託者のみが信託財産の元本の受益者である」を②、「当該受益者が
当該信託の効力が生じた時における委託者の相続人である」を③と
し、3つの要件に該当するかを検討します。

　まず、委託者の地位を承継しない（消滅する）ケースの登録免許
税を確認します。

　信託が終了した場合に受託者である子Cから、帰属権利者でもあ
る子Cに信託財産が移転することから、①の「信託の信託財産を受
託者から受益者に移す場合」に関して当該要件に該当します。

　次に、②の「当該信託の効力が生じた時から引き続き委託者のみ
が信託財産の元本の受益者である」に関しては、委託者である父A
の地位が承継しない（消滅する）設計である場合は、受益者である
母Bは委託者の地位を承継していないため、委託者でない者が信託
財産の元本の受益者となってしまい、当該要件に該当しません。

　最後に、③の「当該受益者が当該信託の効力が生じた時における
委託者の相続人である」に関しては、残余財産受益者である子Cは
当初委託者の父Aの相続人であるため当該要件に該当します。

　したがって②が該当しないため、通常の移転登記となります。

［3］ 委託者の地位を受益者の立場の人が承継するケースの登録免許税

　まず、信託が終了した場合に受託者である子Cから、帰属権利者でもある子Cに信託財産が移転することから、①の「信託財産を受託者から受益者に移す場合」に関して当該要件に該当します。

　次に、②の「当該信託の効力が生じた時から引き続き委託者のみが信託財産の元本の受益者である」に関しては、委託者である父Aの地位を受益者の地位とともに受益者である母Bが承継するため、信託の効力発生時から引き続き、当初委託者の父Aと委託者の母Bのみが元本の受益者であり、当該要件に該当します。

　最後に、③の「当該受益者が当該信託の効力が生じた時における委託者の相続人である」に関しては、残余財産受益者である子Cは当初委託者の父Aの相続人であるため当該要件に該当します。

　したがって①〜③のすべてが該当するため、下記のとおり相続登記とみなして登録免許税が軽減されます。

　また、下記の条文からわかるように原則として不動産取得税に関しても登録免許税と同様の判断とすることが素直な読み方と思われ、消滅する場合は課税となり、承継する場合は非課税と考えられます。

●登録免許税法7条2項

（信託財産の登記等の課税の特例）
第7条
2　信託の信託財産を受託者から受益者に移す場合であって（編注：信託が終了した時点で移転する場合の話です。）、かつ、当該信託の効力が生じた時から引き続き委託者のみが信託財産の元本の受益者である場合（編注：当初委託者と現委託者が同じ人でなければいけないということではなく、当初委託者でも現委託者でもいいので、信託契約のスタートから委託者のみが元本受益者であることが必要です。）において、当該受益者が当該信託の効力が生じた時における委託者の相続人であるときは（編注：現在の受益者が当初委託者の相続人であることが必要です。）、当該信託による財産権の移転の

　　登記又は登録を相続による財産権の移転の登記又は登録とみなして、この法律の規定を適用する。（編注：相続登記とみなして登録免許税を課する。）

●地方税法73条の７

（形式的な所有権の移転等に対する不動産取得税の非課税）

第73条の７　道府県は、次に掲げる不動産の取得に対しては、不動産取得税を課することができない。

　一　相続（包括遺贈及び被相続人から相続人に対してなされた遺贈を含む。）による不動産の取得

　二～三　省略

　四　信託の効力が生じた時から引き続き委託者のみが信託財産の元本の受益者である信託により受託者から当該受益者（次のいずれかに該当する者に限る。）に信託財産を移す場合における不動産の取得

　　イ　当該信託の効力が生じた時から引き続き委託者である者

　　ロ　当該信託の効力が生じた時における委託者から第一号に規定する相続をした者

　　ハ～ニ　省略

参考：登録免許税について

【信託設計時・変更時】

　不動産を信託した場合の登録免許税について、信託の登記に関しては、不動産価額の0.4％（1000分の４）が課され、委託者から受託者に信託のために財産を移す場合における所有権移転の登記については、登録免許税は課されません（登免税９別表第一の１（十）イ、登免税７①１）。また、土地については令和５（2023）年３月31日まで0.3％（1000分の３）です。

受益権の売買を行った時に受益権が移転した場合は、信託目録の変更登記に関する登録免許税は、不動産1件につき1,000円となります（登免9別表第一（十四））。

また、受託者の変更に伴い新たな受託者に信託財産を移す場合の変更登記に関しては、非課税であり、登録免許税は課されません（登免7①3）。

参考までに、土地や建物といった不動産の売買や、贈与または相続人以外の者に対する遺贈によって所有権が移転した際の登録免許税の税率は、2％（1000分の20）になります。

ただし、令和5（2023）年3月31日までは税率の軽減措置が適用され、土地の売買に関しては1.5％（1000分の15）となります（措法72）。

また、住宅用家屋の売買に関しては令和5（2023）年3月31日までは税率の軽減措置が適用され0.3％（1000分の3）となります（措法73）。なお、不動産の相続や相続人に対する遺贈に関しては0.4％（1000分の4）となります。

【信託終了時】

信託終了時には、不動産の所有権の名義が受託者から残余財産受益者や帰属権利者へ移転します。その際に登録免許税の税率は、所有権の移転登記として2％（1000分の20）となります（登免9別表第一1（二）ハ）。ただし、ケースによっては後述のように課税されない場合や、相続登記と同様の軽減税率とみなされる場合があります。

信託の抹消登記は、不動産1件につき1,000円となります（登免9別表第一1（十四））。

【信託終了時に課税されない場合】

　信託の効力が生じた時から引き続き、委託者のみが信託財産の元本の受益者である信託の信託財産を、受託者からその受益者（その信託の効力が生じた時から引き続き委託者である者に限る）に移す場合は、登録免許税は課されません（登免7①2）。どのようなケースかというと、これは自益信託のまま信託が終了し委託者に財産が移転した（戻ってきた）ような場合であり、経済的な利益は移転していないことから、登録免許税は課されません。

【受益者が委託者の相続人の場合等】

　先ほどの委託者の地位の承継の論点で詳しく説明しましたが、例えば、信託財産を受託者から受益者に移す場合で、信託の効力発生時から引き続き当初委託者や現委託者のみが信託財産の元本の受益者である場合において、受益者が信託の効力発生時における当初委託者の相続人であるときは、その信託による移転登記を相続による移転登記とみなして、軽減税率により0.4％（1000分の4）が課されます（登免7②）。

参考：不動産取得税について

【信託設計時・変更時】

　信託の設計時に、委託者から受託者に信託財産を移転する場合の不動産取得税は課されません（地法73の7三）。さらに、受託者に変更があった場合の不動産取得税も課されません（地法73の7五）。

　また、受益権の売買等を行った場合に受益権が移転したときは、不動産の所有権が受託者からは移転しないため、不動産取得税は課されません。

【信託終了時】

　信託の終了時には、不動産の所有権が受託者から残余財産受益者や帰属権利者へ移転するため、原則４％（100分の４）が課されます（地法73の15）。

　また、照会事例では明記されていませんが、前述の登録免許税の考え方と同様に非課税の判断になるケースも考えられます。

○　第８条（信託事務の委託）

◎◎ 法務

　改正前の信託法26条においては、受託者は原則として信託事務を自ら処理しないといけない旨が定められていました。

　しかしながら、現在の信託法では、信託行為に定めることなどによって、信託事務の処理を第三者に委託することができるように明記されています（信28）。

　今回の事例においては特段第三者に受託者の業務を委託することは必要ないかもしれませんが、例えば賃貸不動産がある場合のように、その事務を自らが行うのではなく、不動産業者に委託したほうが良いこともあります。この条項は、基本的には入れておくことが望ましいです。

●信託法28条

（信託事務の処理の第三者への委託）
第28条　受託者は、次に掲げる場合には、信託事務の処理を第三者に委託することができる。
　一　信託行為に信託事務の処理を第三者に委託する旨又は委託することができる旨の定めがあるとき。
　二　信託行為に信託事務の処理の第三者への委託に関する定めがない場合において、信託事務の処理を第三者に委託することが信託の目的に照らして相当であると認められるとき。

> 三　信託行為に信託事務の処理を第三者に委託してはならない旨の
> 　定めがある場合において、信託事務の処理を第三者に委託するこ
> 　とにつき信託の目的に照らしてやむを得ない事由があると認めら
> 　れるとき。

◉◉ 税務

　家族信託は、信託契約書を作成したら専門家の支援が終了するというわけではなく、信託が終了するまでの期間が受託者の実務の期間となります。その間、信託事務に関して、受託者のみでは対応しきれないため専門家の支援を要することも多くあります。

　そこで信託事務の処理に関し、信託財産から弁護士、司法書士、税理士等の専門家の報酬等を支弁する旨を記載している契約書もあります。

　契約書上の記載の有無により税務上の諸経費に該当する・しないということはありませんが、受託者の業務の支援の費用が今後どの程度必要になっていくのかも契約書を作成する際に見積もっておくことが、依頼者等との信頼関係の構築につながります。

　また、このような専門家報酬が、不動産所得や事業所得の計算上の必要経費に該当するか否かは、自宅の信託なのか収益物件の信託なのかといった信託契約の業務の内容に応じて分かれます。信託の目的に応じて信託契約書を分けるといった手当てをし、報酬の範囲をわかりやすくすることが、依頼者の経費計上の判断の一助になります。

　本条で、信託事務の一部の第三者への委託に言及していますが、信託期間中にどの程度専門家報酬が必要になるか、あらかじめ説明しておく必要があります。

○ 第9条（信託財産の給付等）

◎◎ 法務

[1] 第1項

　本契約書では、受益者への給付方法を「手渡しまたは銀行振込による方法」としています。

　契約書例の中には「銀行振込による」としか書いていない場合もありますが、手渡しが想定される場合には、明記しておくほうが望ましいです。極端な例になるかもしれませんが、「銀行振込による方法」としか書いていない場合において、委託者が受益者に現金で渡していたとすると、それは信託契約に基づく給付でなく、贈与だといわれる可能性もあります。

[2] 第2項

　本契約書では、信託財産である不動産の換価にあたって、受益者（または受益者の成年後見人等）の意見を聞いて行う旨規定されています。この規定ぶりの場合、あくまで意見を聞けばよい、という形になっているので、受託者からすると売却が容易になる反面、委託者兼受益者からすると不動産が容易に処分されてしまう形になっています。

　不動産を売却したお金もまた信託財産となるものの（信16一）、現金化すると消費されやすく（悪用されやすく）なりますので、相談者の属性等に応じて、慎重に判断する必要があります。

　あと、「支弁」という言葉は、最近、専門家でもあまり使わない言葉なので、「支払う」などに言い換えるのが望ましいです（契約書は、可能な限り平易な言葉にするのが良いでしょう）。

◎◎ 税務

詳細に関しては受託者の業務の論点で確定申告書の例示を記載し

ていますが、収益物件のように信託期間中に収益がある場合の損益は、管理は受託者がしますが、その計算書から報告を受けて、申告を行うのは受益者となります。

受託者は信託の税務の観点からは、信託財産を管理しているだけの立場であり、信託財産から生じる経済的な利益は享受していません。そのようなことから受益者と異なり、信託期間中の課税関係は発生しません。

信託期間中の受益者は、その信託財産に属する資産や負債を有するものとみなし、その信託財産に帰せられる収益や費用は、受益者の収益や費用とみなして所得税を計算することになります。

しかし、これらの詳細な計算に関しては、受託者からの報告書類等の提出を受け、それをもとに受益者が確定申告を行います。

賃貸アパートのような収益不動産の信託を行った場合は、収益が毎期発生しますし、自宅のような収益が発生しない不動産の信託を行った場合でも売却等を行えば譲渡益が出る場合があります。

信託財産が収益不動産の場合は、家賃収入等を収益とし、そこから以下のようなものを費用として差し引くことになります。受益者はこれらの差額を不動産所得として他の給与所得や事業所得等と合計して所得税の計算し、確定申告を行う必要があります。

---費用の例---
- 建物・建物附属設備・構築物・機械設備等の減価償却費
- 収益不動産に係る固定資産税等
- 管理会社に対して支払う管理料や、受託者に対して支払う受託者報酬
- 火災保険料
- 建物等を改修した場合の修繕費　等

また、信託財産として収益物件を検討する場合、特に信託から生じた不動産所得に係る損失の金額がある場合は、その損失の金額は

生じなかったものとみなされるため注意が必要になります。

　大規模修繕による多額の費用が想定できる場合や、早期に多額の償却費が発生する場合等、損失の損益通算をメリットとして事業を営んでいる場合は要注意です。特殊かつ重要な論点になるため、後ほど信託不動産の損益通算の個別論点を別に解説します。

　本事例は、自宅の信託であり、収益物件のような申告を目的とした管理を必要としないため特に問題はありません。

　また、第2項に記載されているように、売却を行った場合には受益者が売却を行ったものとして譲渡所得税の申告納税を行うことになります。

○　第10条（信託不動産の管理の内容）
◎◎ 法務

［1］第3項

　第3項では、受託者は信託不動産の管理事務を遂行するために必要があるときは、その一部を無償で使用できる旨を記載しています。

　信託法において、受託者は様々な義務（善管注意義務（信29）、忠実義務（信30）、利益相反行為の制限（信31）、公平義務（信33）、分別管理義務（信34））を負っているところ、とりわけ注意をしないといけないものとしては利益相反行為の制限があります。これは、受託者が信託された財産を利用したりすることは、受益者との間で利害が対立することから、あらかじめ信託契約の中に置かれていない場合には無効とされたり、取り消されたりします（信31⑥）。

　今回の契約書では、信託目的達成のために限っており、また対象も「一部」に限っているなど、受託者が利益を得ることがないよう、また受益者の利益を損なうことがないように配慮された規定になっています。実際に、どのような規定とすることで受託者と受益

者の利害が衝突しないようにするかはケースバイケースです。

[2] 第4項

　ここでは、信託不動産を担保として借入れができる旨を記載しています。この信託不動産を担保としての借入れのことを「信託内借入」とか「受託者借入」といいます。

　ここで注意したいのが、「契約書に書いている＝借入れができる」というわけではない点です。

　現在のところ、信託内借入に対応してくれる金融機関はそれほど多くはなく、また、金融機関ごとに、必要となる契約書の書き方などが異なります。よって、ここに条項があるから、借入れできますよ、という誤ったアドバイスをしてはいけません。借入れが想定されるのであれば、信託契約書を作る段階で、あらかじめ金融機関との調整が必須です。

　信託財産にかかる金融取引については、まだまだ実務が成熟していないテーマになりますので、信託に携わる専門家としては、最新の情報を入手し、トラブルが起きないように努めていかないといけません。

○　第11条（信託金銭の管理・運用および使用方法）

◎◎ 法務

　第1項で「信託口口座」と規定していますが、「信託口口座」という表現自体はまだ広く知られたものとなっていません。また、人によってどういうものを信託口口座というのか、認識がバラバラなのが現状です。

　よって、「信託財産に属する預金専用の口座」というような形で定義を明確にすることが望ましいといえます。

○ 第12条（信託の計算）

◎◎ 税務

信託の計算について、受益者が個人の場合は、通常の確定申告と同様、毎年１月１日から12月31日の暦年が計算期間になります。所得税の申告期限は翌年の３月15日です。

「信託の計算」の項目については、信託契約書によっては半年で設計されていたり、または、４月から３月末といった期間で設計されていたり様々なパターンが散見されます。信託法上は委託者と受託者が任意の計算期間を定めてかまいませんが、信託契約上の会計期間と受益者の所得税の確定申告の計算期間を統一しておくことで、決算期が異なる業務の煩雑さを防ぐことができます。

本事例は自宅の信託であり、上記の計算期間の問題は基本的に発生しません。しかし、受託者が前述の不動産の処分を行った場合に、譲渡所得税の申告も視野に入れたうえで、本事例のように個人の暦年をベースとした毎年１月１日から同年12月31日を計算期間とした設計が望ましいです。

○ 第13条（信託契約の解除等）

◎◎ 法務

旧法では「解除」という表現も使われていましたが、現在の信託法においては一部の例外を除き「解除」という概念を使用しておらず、信託の「終了」という用語を使っています（信163、164）。

実際、条項を見ても、第13条では、第１項で天変地異等が生じた場合に、契約を「終了」と書いているにもかかわらず、第２項では突然「解除」という表現が出てきており、整合性を欠きます。

第14条とも関係しますが、あえて「解除」という表現を使う必要はないと考えられます。どうしてこの点をこだわっているかというと、解除というのは一般的には遡及効があるとされています。そのため、解除という言葉を使うことにより信託契約が当初にさかの

ぼって効力が消滅する、ということに捉えられかねないからです。

　具体的な条項の作成にあたって、信託法の構造をしっかり押さえておきましょう。

○　第14条（信託の期間）および第15条（信託の終了）

◎◎ 法務

　本契約書では、信託の期間と信託の終了を別々の条項で規定しています。

　信託法において、信託が終わることを「信託の終了」として位置付けていることからすると、あえて「信託の期間」という概念を出す必要がないと考えられます。

　実際、今回の条項であれば、次のとおり1つの条文で表現ができますし、すっきりします。

【例】

第14条（信託の終了）

　本信託は、次のいずれかの事由が生じた場合に終了するものとする。

　（1）　委託者兼受益者Xが死亡した時

　（2）　信託財産が消滅した時

　（3）　その他信託法に定める終了事由が生じた時

　本事例にあるとおり「（3）その他信託法に定める終了事由が生じた時」という条項を入れているひな型が多いですが、何が信託法に定める終了事由なのかについては、しっかり確認をし、理解したうえで契約書を作る必要がありますので、その点も留意してください。

　なお、本契約書において、受託者（二次受託者を含む）が全員死

亡した場合の対応がどうなるかについて、第15条、第16条の内容および信託法の定めを踏まえて検討してみるのも必要かと思われます。

　信託の期間について補足をすると、期間の定めをしてはいけない、ということではありません。例えば、条件が成就したら信託がスタートするような契約を交わした場合にはその始期を定めるために信託期間という概念を使うことはあり得ると思います。

　この点も、どうして信託の期間を置くのかを考えたうえで置いているのか、それともひな型がそうなっているから置いているのか、ということを考えていただければと思います。

　なお、商事信託においては信託の期間は必須です。商事信託はビジネスとして財産を預かる信託であることから、10年間を信託期間として設定して、その後10年が経ったら更新するかまたは終了するか、という形で進んでいきます。

　他方、家族信託の場合の多くは、委託者兼当初受益者が亡くなった時に終了としているように終身となるものが多いです。

○　第16条（信託終了時の信託財産の帰属等）

[◎◎ 法務]

　本契約書においては、信託の終了事由ごとに、残余財産の帰属先を変えています。

　これは重要なことで、信託においては誰がどういう順番で死亡したかによって、その後の財産の帰属先が異なりますので、それに応じた形で契約書を作る必要があります。

　先程受託者のところでも指摘しましたが、人間の亡くなる順番というのはわかりません。健康な人が交通事故や病気で突然亡くなってしまうことは決して起こり得ないことではありません。受託者や受益者がどういう順番で亡くなったとしても対応ができる契約書を作成する必要があります。

　思ってもみなかった方が先に亡くなって突然信託契約が終了し、認知症の委託者が残ってしまったりしないよう、あらゆる場合を想定して信託契約を結ぶ必要があります。

◎◎ 税務

　信託の終了の時点がどうなっているかも確認する必要があります。信託終了時の言及がない信託契約書もちらほら出てきているようです。

　終了直前の受益者が残余財産の帰属権利者と同じ場合は、課税はありません。しかし、受益者と残余財産の帰属権利者が異なる場合は、受益者から帰属権利者に対する贈与税が課税され、または、受益者の死亡による帰属権利者への移転の場合は相続税が課税されます。

●相続税法9条の2第4項

> （贈与又は遺贈により取得したものとみなす信託に関する権利）
> 第9条の2
> 4　受益者等の存する信託が終了した場合において、適正な対価を負担せずに当該信託の残余財産の給付を受けるべき、又は帰属すべき者となる者があるときは、当該給付を受けるべき、又は帰属すべき者となった時において、当該信託の残余財産の給付を受けるべき、又は帰属すべき者となった者は、当該信託の残余財産（当該信託の終了の直前においてその者が当該信託の受益者等であった場合には、当該受益者等として有していた当該信託に関する権利に相当するものを除く。）を当該信託の受益者等から贈与（当該受益者等の死亡に基因して当該信託が終了した場合には、遺贈）により取得したものとみなす。

　本事例では、後に信託が終了した場合に、Ｙが帰属権利者となる場合はＹが相続により取得したものとみなされ、相続税が課税されます。

また、Ｙがすでに死亡しており、Ｙの配偶者であるＺが残余財産帰属者となった場合は、Ｚが相続により取得したものとみなされ、相続税が課税されます。

　Ｙ・Ｚ共に既に死亡しておりＹの法定相続人に法定相続分割合で帰属させることになった場合は、Ｙの法定相続人が法定相続分で相続したものとみなされます。

　上記のように、受益者死亡の可能性のパターンを網羅的に記載しているため、本事例では受益者等の不存在による法人課税信託の懸念はなさそうです。

○　第17条（信託報酬）

◉◉ 法務

　「無償」というよりは「無報酬」としたほうがよいでしょう（用語の問題）。

　なお、「家族信託は、受託者が家族だから報酬は無償でなければならない」いわれることがあります。

　無償となるケースも多くありますが、必ずしもそうしなければならないわけではありません。例えば、アパートなどの収益不動産を信託した場合を想定してください。受託者たる子が委託者である親に代わって以後管理をするとした場合、その管理というのは結構大変で、それを無償でやらなければならないとするのは酷です。また、アパートの管理について不動産の管理業者を利用する場合、受託者が一定の報酬をもらい、その範囲内で業者さんを選定し依頼するということは十分にあり得ることだと思います。

◉◉ 税務

　信託報酬については、支払いが同一生計親族であるか、別生計親族であるかによって取扱いが異なります。現状では無報酬とする契約が多いこともあり、報酬を支払うケースは、まだ実例ベースでの

取扱いの情報が乏しい論点になります。

　現状では、通常の場合と同様に所得税法56条をベースに考えると、同一生計親族である受託者に対する信託報酬の支払いは、原則不動産所得等がある場合の必要経費に算入されず、また、受託者の所得も構成しないという判断になります。

　対して、別生計親族である受託者に対する信託報酬の支払いは、不動産所得等がある場合の必要経費に算入されると考えることができ、また、受託者の所得を構成することになり、信託報酬の所得区分は雑所得になると考えられます。

　税務の論点とは異なりますが、一定額以上の継続的な信託報酬を取得する場合、報酬を取得する者が給与所得者で勤務先が所得に対する何らかの制約を設けている場合は、副業禁止規定等にひっかかる可能性があるので、事前に確認しておくことが必要となるケースがあります。

　本事例は、無報酬であるため、上記のような問題はありません。

○　第18条（信託の変更等）

◎◎ 法務　　**◎◎ 税務**

　本契約書においては、「受託者と受益者または受益者の成年後見人との合意」により信託を変更することができると定めています。信託は長期間にわたることもあるため、変更についての規定は重要です（信149条以下参照）。

　もっとも、成年後見人は法定代理人として受益者に当然に代理できることから、あえて「受益者または受益者の成年後見人との合意」と定める必要はないように思います。

　なお、この信託の変更についてはすでに述べたとおり、税務上「特定委託者」という論点がある点に注意が必要です。

　受益者または受益者の成年後見人との合意による信託契約の変更とありますが、実質的に成年後見人との合意のもと、どこまでの変

更ができるかという点が気になります。可能であれば、変更権者を成年後見人以外にすることも検討してみたほうがよいかもしれません。

○　末尾（契約当事者）

◯◯ 法務

本契約書では、当事者は委託者と受託者の二者になっています。

よく「受益者は名前を書かなくてよいのか」と聞かれることがありますが、信託においては受益者として指定された者は当然に受益権を取得するのが原則（信88①）のため、ここには名前を書きません。信託契約の当事者はあくまで委託者と受託者であることから、その二名の署名、押印という形で作ることが多いです。

また、今回のケースではそもそも委託者＝受益者となっているため、書く必要がないということもあります。

9　登記申請

本事例において、当初の契約書に基づいて登記の申請を行うときの申請書のサンプルを次ページに掲載します。なお、登記申請にあたっては信託目録も添付することになりますので、ご注意ください。

登 記 申 請 書

登 記 の 目 的 　　　所有権移転及び信託

原　　　　因 　　　令和　　年　　月　　日信託

権　利　者 　　　（住所）

（信託登記申請人）　　Y

義　務　者 　　　（住所）
　　　　　　　　　　　　　X

添 付 情 報

　登記識別情報　印鑑証明書　住所証明情報

　代理権限証書　登記原因証明情報　信託目録に記載すべき情報

令和　　年　　月　　日申請　　　　法務局　　　御中

代　理　人 　　　（住所）
　　　　　　　　　　司法書士
　　　　　　　　　　連絡先の電話番号

課 税 価 格 　　　金　　　万　　　円

登 録 免 許 税 　　　移転分　登録免許税法第7条1項1号により非課税
　　　　　　　　　　信託分　金　　円　租税特別措置法第72条1項2号

その他事項 　　　登記識別情報通知書及び還付書類一式は法務
　　　　　　　　　　局（登記所）窓口において受領します。
　　　　　　　　　　受領者　代理人

不動産の表示

　　所　　　　在

　　地　　　　番

　　地　　　　目

　　地　　　　積

　　所　　　　在

　　家 屋 番 号

　　種　　　　類

　　構　　　　造

　　地　　　　積

10 小　括

　一つ目の事例ということで、詳しく説明をしてきましたが、大事なポイントは次の点です。

（1）なぜそのような条項になっているのかを考えること

➡　「どうしてこういう条文になっているのですか」と聞かれた際に答えられないと依頼者の信頼を失うことになります。また、条文の背景を理解していないと問題があるかどうかということに気付けない可能性があります。

　　自らが関与した契約書の条項がどうしてその表現になっているのか、というのをしっかりと考えるようにしてください。

（2）信託口口座の開設等においては、金融機関等と事前にやりとりをしたうえで表現を考える必要があること

➡　家族信託は委託者と受託者の間の契約です。金融機関側からすれば、それに拘束されるいわれはないのです。この点、時々聞く話として、あらかじめ相談なく信託契約書を作成し、それを公正証書にした形で金融機関の窓口に持ってきた専門家が「これで口座を作ってくれ」というものがあります。

　　金融機関との取引（信託口口座の開設や信託内借入）をするのであれば、金融機関側がOKを出せる内容のものをあらかじめ確認しておくのは、最低限専門家側がすべき点です。

（3）信託は長い期間のことを定めるものであると考えること

➡　家族信託は最長では100年先まで決めることができるものです。実際には、20〜30年先くらいを考えて作ることが多いのですが、それでも、今は元気な人がそうでなくなるなど、時

の経過を意識しておく必要があります。

補足1：相続税について

（1）相続税の申告実績

平成27（2015）年1月1日以降に発生した相続等に関して、基礎控除が40％引き下げられたことにより相続税の課税対象者が増加しました。令和3（2021）年12月発表の令和2（2020）年分の相続税の申告状況（国税庁）によると、被相続人のうち、相続税の課税対象者の占める割合が前年と比較すると0.4ポイント増加しました。

以下の付表（1～3）は、令和2（2020）年分の相続税の申告状況についてまとめたものです（国税庁HPより一部抜粋）。

（付表1）　被相続人数の推移

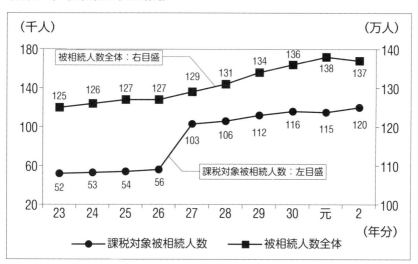

（付表２） 課税割合の推移

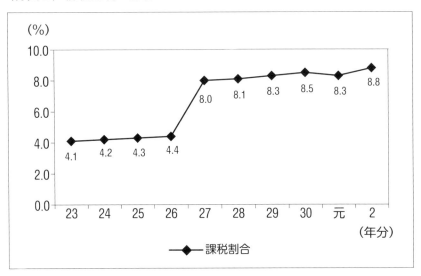

（付表３） 相続税の課税価格および税額の推移

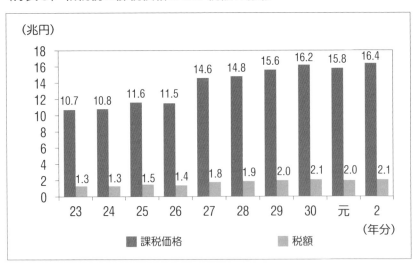

（2）相続税の計算の概要および申告

　相続税は、被相続人（亡くなった方）から相続または遺贈によって財産を取得したそれぞれの人の課税価格の合計額が遺産に係る基礎控除額[1]を超える場合に、その財産を取得した各人が、申告と納税を行う必要があります。

　相続税の申告が必要な方は、相続の開始があったことを知った日の翌日から10カ月以内に被相続人の住所地の所轄税務署に、相続税の申告・納税をする必要があります。

＊1　遺産に係る基礎控除額
　　　基礎控除額＝3,000万円＋（600万円×法定相続人の数[2]）
　　　なお平成27（2015）年1月1日以前は、1,000万円＋（5,000万円×法定相続人の数）を乗じて算出した金額の合計額でした。
　　　　例：配偶者と子ども2人の家庭の場合の遺産に係る基礎控除額
　　　　　　3,000万円＋600万円×3（人）＝4,800万円
＊2　法定相続人の数
　　　相続の放棄があった場合には、その放棄はなかったものとした場合におけ

◆相続税の計算の流れ（相続人が配偶者と子ども2人の場合）

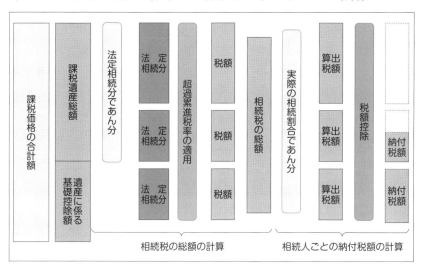

る相続人の数となります。また、相続税の計算上、被相続人に養子がいる場合には、被相続人に実子がいる場合は１人、被相続人に実子がいない場合は２人まで法定相続人の数に含めることになります（養子については次項の「補足２：養子縁組について」参照）。

（3）事例１に関する相続税

本事例では、被相続人に配偶者はおらず、血族相続人の第一順位である子どもも、第二順位である直系尊属（父や母等）もいないため、血族相続人の第三順位である兄弟姉妹が相続人に該当し、ＡとＢが相続人となります。また、財産額については、金融資産が5,000万円超と不動産が2,000万円（家屋が500万円、宅地が1,500万円）の合計7,000万円の財産があります。遺産に係る基礎控除額は、3,000万円と600万円×２人の4,200万円です。基礎控除額を超過している金額を見る限り、今回のケースは課税される財産額から控除することができる債務・葬式費用があった場合を考慮しても相続税の申告・納付は必要になりそうです。

また、全体の財産額と基礎控除額の関係のみに着眼されていることがしばしばありますが、他にも様々な注意点があります。本事例では債務はありませんが、借入れがあるケースでは、各人の相続する財産・債務の金額が、市場時価ベースではプラスの財産（以下、「積極財産」という）とマイナスの財産（以下、「消極財産」という）の金額のバランスがとれていても、相続税評価ベースに置き換えると積極財産の相続税評価額は市場時価より低くなるケースが多くあるため、積極財産より消極財産の金額が多くなってしまい各人の債務控除が切り捨てとなり、全体税額は増加してしまう可能性があります。

さらに、相続税額の加算の規定では、相続、遺贈や相続時精算課税に係る贈与によって財産を取得した人が、被相続人の一親等の血族（代襲相続人となった孫（直系卑属）を含む）および配偶者以外の人である場合には、その人の相続税額にその相続税額の２割に相

当する税額が加算されます。

　そのため、相続人が兄弟姉妹の場合や、当該事例のように親族外のYが遺言等で相続財産を取得した場合については、相続税法18条の「相続税額の加算」の規定による税額の増加について注意が必要になります。事例どおりの状況で相続税が発生する状況であればYの納付する相続税額は20％加算となります。

◆相続税額の２割加算の対象となる人

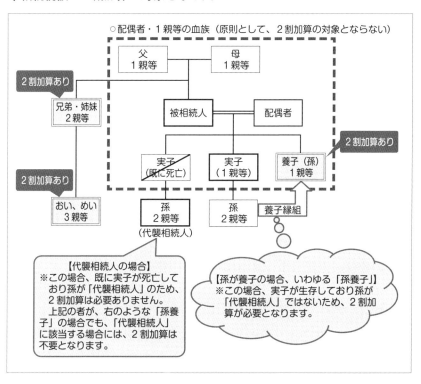

（国税庁 HP　タックスアンサーより）

補足２：養子縁組について

　現行の相続税の課税方式は、法定相続分課税方式と遺産取得税方式の折衷であり、法定相続人の人数が増えれば増えるほど、遺産から控除することができる基礎控除額が増え相続税が低くなる計算の仕組みとなっています。

　例えば全く同じ財産を所有していても、法定相続人の人数によって相続税額が異なります。これが、養子縁組をして法定相続人の人数を増やすことで相続税が節税になるという所以になります。

　しかし、養子を増やすことによる行き過ぎた税負担回避行為が問題視され、昭和63（1998）年12月、以下の法定相続人の数の改正が行われました。

［法定相続人の数に含める養子の数］
（１）　被相続人に実の子がいる場合　……　１人
（２）　被相続人に実の子がいない場合　……　２人

　ただし、養子の数を法定相続人の数に含めることで相続税の負担を不当に減少させる結果となると認められる場合、その原因となる養子の数は、上記（１）または（２）の養子の数に含めることはできません。

　相続税法の規定は、民法上の養子縁組を制限するものではなく、相続税法の法定相続人の「数」に算入する養子の「数」についてのものです。あくまでも税額計算上の取扱いです。

　また、上記の相続税法上の法定相続人の「数」についての規定が影響を与える論点は、①遺産に係る基礎控除額、②生命保険金・退職手当金等の非課税限度額、③相続税の総額の計算です。

　相続税対策として養子を検討するケースもしばしばあり、そのよ

うな節税目的では税務署から否認されるのではないかと心配されている方もいますが、現状では民法802条の養子縁組の無効事由の、①当事者間に縁組をする意思がないとき、②当事者が縁組の届出をしないとき、のいずれかに該当しない限りは、相続税対策での養子縁組を税務署から後で否認される可能性は低いと思われます。この点について、最高裁判所平成29年1月31日の判例でも「養子縁組は、嫡出親子関係を創設するものであり、養子は養親の相続人となるところ、養子縁組をすることによる相続税の節税効果は、相続人の数が増加することに伴い、遺産に係る基礎控除額を相続人の数に応じて算出するものとするなどの相続税法の規定によって発生し得るものである。相続税の節税のために養子縁組をすることは、このような節税効果を発生させることを動機として養子縁組をするものにほかならず、相続税の節税の動機と縁組をする意思とは、併存し得るものである。したがって、専ら相続税の節税のために養子縁組をする場合であっても、直ちに当該養子縁組について民法802条1号にいう「当事者間に縁組をする意思がないとき」に当たるとすることはできない。」という判断がされています。

親なき後問題への対策

1 事例の概要

　相談者である父親（50歳）、母親（45歳）の間には、重度の障がいを持った長男（20歳）がいます。他に子どもはいません。

　2人は長男の面倒を一生懸命みてきました。

　そして、長男のために少しでも良い生活環境を作ることができるようにと、無駄遣いなどをせず、財産を蓄え、将来に備えています（相談者は両親の財産を相続したこともあり、父母名義の預金等の

◆関係図

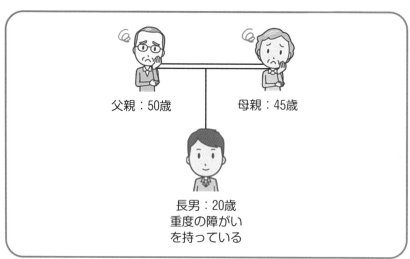

父親：50歳　　　母親：45歳

長男：20歳
重度の障がい
を持っている

金融資産が6,000万円ほど、その他自宅不動産（3,000万円）がある）。

【相談内容】

　相談者夫婦も最近体力面に不安が出てきて、このままいつまで長男を支えられるのか不安に思うようになり、将来のことを考えないといけないと思っていたところ、家族信託の存在を知り相談に来られました。

　相談者としては、自らの財産を信頼できる人に託し、自らの死後もしっかりと長男のサポートがされることを望んでいます。

　また、長男が将来亡くなったら、残った財産は、相談者が生きていれば相談者夫婦の生活のために、そうでなければお世話になった施設などに渡したいと考えています。

2　事例の背景

　障がい者を家族に持つ家庭は決して少なくありません。令和3（2021）年度障害者白書によると、障害（精神障害、知的障害、身体障害）がある人は約964万7,000人いるという統計も出ています。

　そして、障がいを持つ子どもがいる家庭において、その多くの場合は親が生活をサポートしている実情があります。

　他方で、超高齢化が進む中、これまで障がいを持つ人を支えてきた人たちが、今度は自らがサポートを必要とする立場になることが想定され、そのような不安を抱えている人からの相談が増えてきています。

　例えば、「私達夫婦が元気なうちはいいが、残された子の面倒を将来誰がみてくれるのか」という不安や、「残された子が豊かな生活ができるように自らが持っている財産を託したい。そして、その財産は子のために使ってもらい、もし余れば社会福祉団体などに寄

付してほしい」という相談も多くあります。

3　今回のケースで取るべき手法および留意点

（1）前　提

　まず、今回のケースでは遺留分侵害の問題は生じません。厳密には、父親が長男に全財産を贈与すれば、観念上、母親の遺留分の侵害は起き得ますが、親なき後問題の多くは残された子どもをどうサポートするか、という点で他の家族の思いが一致団結して対応するため、母親が自らの意思で遺留分を行使することはおよそ想定されません（ただし、後述のとおり母親に成年後見人がついた場合には、後見人は遺留分の行使をしないといけないとされている点に注意が必要です。この点に備えようと思う場合には、元気なうちに両親とも遺留分放棄の手続きをしておくことも考えられます）。

（2）遺言による対応

①　今回のケースにおける遺言

　　一つの考えとしては、長男に必要な財産を遺言により相続させる方法が考えられます。そのような遺言を相談者夫婦がともに書くことにより、残された子に財産を渡すことが可能となります。

　　もっとも、本件のように、子が1人しかいない場合では、相談者である父親が亡くなった後、母親が死亡した場合（あるいはその逆に母親が死亡した後に父親が死亡した場合）には、遺言がなくても、2人の財産は長男に帰属することになります。

　　予想外の相続が生じるとすれば、子が先に亡くなった場合です。その場合には、民法889条に基づいて相談者夫婦の兄弟相続が生じ得る点に注意が必要です。

②　遺言による対応をした場合に想定されるリスク

遺言は、遺言者の死亡の時からその効力を生ずるとされていることから（民985①）、裏を返せば相続が発生するその時まで遺言には法的拘束力は生じないことになります。

そこからは次のような問題点が想定されます。

（ⅰ）　認知症リスク

相談者夫婦が認知症になって判断能力を失った場合、遺言は効力を発しないことから、仮に財産があったとしても、それを長男のために使うことが困難となる危険性があります。

（ⅱ）　遺言の落とし穴

遺言で渡した場合、長男の意思でその財産を動かすことはできません。

一番重要なのは、この点です。

本件において、長男には判断能力がないため、有効に法律行為を成し得ません。よって、両親が一生懸命に財産を築いて、長男に財産を渡す道を作ったとしても、財産を渡された長男自身は自らのために有効に活用することができません（元気なうちに渡せば渡す段階で贈与税の問題が生じますし、遺言執行者が定められていなければ遺言の執行ができないことも起こり得ます。）。

それに加えて、長男は遺言を書くことができないとすれば、両親が築き上げてきた財産は、長男の死後、両親の思いとは無関係に、最終的には国庫に帰属することになってしまいます（民959）。

以上のように、遺言を作成しているだけの場合にはリスクが残ってしまうことが考えられます。

（3）家族信託による対応

では、家族信託（今回は商事信託にも言及）を使うと今回のケースではどのようになるかというと、周りに頼れる親族がいるかいな

いかで対応が変わってきます。

① 頼れる親族がいる場合

　概要としては、相談者夫婦が委託者、親族が受託者、当初受益者は相談者夫婦、相談者夫婦が死亡した後の二次受益者は長男、そして、長男の死後の財産の帰属はお世話になった施設とする家族信託を組むことで、思いを叶えることができます。

　以上のように、今回のケースでは、家族信託を組み、受益者連続の機能を活用することで、相談者の心配している点にしっかりと対応をすることができます。

② 周りに頼れる親族がいない場合

　相談に来られるケースでは、頼れる親族がいない場合もあります。家族信託という手法を使うためには、「受託者」となる人が必要です。よって、受託者がいない場合には、この仕組みは使えません。

　そして、弁護士や司法書士などのいわゆる「士業」の人が「業として」受託者になることは信託業法に抵触するためできません。

　周りに頼れる親族がいない場合の対応として、大きく２つが考えられます。

　一つ目は、「受託者となり得る人を育てていくこと」です。今時点では周りに頼れる親族がいないような場合、しっかりとした人間関係を作って、受託者となってもらえる人を育てるのです。

　もっとも、そもそも周りにそういう候補者がいない場合には、この手法はとれません。

　そしてもう一つが、受託者候補がいない場合として、信託を業として行っている信託銀行または信託会社のサービスを活用することが考えられます。

　現状では、実家などの不動産への対応は難しいのですが（不動産を信託する場合、一定の収益性が見込まれる物件などが対象となるため、地方では利用が難しいという面があります）、金銭については、信託銀行のいわゆる商事信託のサービスを使って、将来における財産管理を行っていくことが考えられます。

　個人的にも、相談者にとって商事信託のサービスを利用したほうがよい場合は、そちらを勧めることもままあります。

（4）特定贈与信託という仕組みについて

　商事信託の一つとして「特定贈与信託」という仕組みがあります。この仕組みは、障がいを持つ家族への贈与について、一定の要件のもと、3,000万または6,000万円を上限として非課税で贈与をすることができる仕組みです。

　この仕組みのメリットは次の点があります。

①　非課税での贈与ができる

　財産を贈与する場合には、贈与税がかかります。年間110万円を超える贈与については、贈与税がかかります。

　ところがこの特定贈与信託を使うと、贈与税が非課税となるため、税金のことを気にせずに贈与を行うことができます。これは非常に有効な制度なので、相談を受けた場合、この制度を検討する場合も多くあります。

　なお、この特定贈与信託の仕組みについては、信託協会のホームページや信託銀行のホームページをご覧ください（各信託銀行で手数料等に違いがあります。後述の**コラム7**も参照）。

②　相続税の節税につながる

　①に付随する点になりますが、特定贈与信託を使って、あらかじめ子に贈与をした場合、贈与後は子の財産となることからその

分相続財産が減ることになります。

　相続税は財産額に応じてかかる仕組みとなっていることから、相続の対象財産が減ることで、結果として相続税が減ることになります。その分を、子のために使い、より良い支援の仕組みを作ることができます。

③　安定した仕組みのもとで、障がいを持つ家族のサポートをすることができる

　この仕組みの一番のメリットとしては、特定贈与信託を利用して信託した金銭については、その後、長期間にわたりしっかりと管理してもらったうえで、障がいを持つ子に確実に給付されることです。

　後述の行政サービスの中での給付に加えて、定額の給付の仕組みを組むことで、残された子にとって手厚いサポートをすることが可能です。

6　信託業法の規制

　相談を受ける中で、「家族信託をやりたいけれど、受託者をやってくれる親族がいないので、先生、やってくれませんか」という話がよく出てきます。心情的にはやってあげられたら、と思うことも少なくありませんが、信託業法の定めに注意しなければなりません。

　信託業法3条には「信託業は、内閣総理大臣の免許を受けた者でなければ、営むことができない」とされています。免許を受けるための要件については、信託業法施行令に詳細がありますが、かなり厳格なものとなっています。免許のほかにも管理型信託の場合には登録を受けることで営むことが可能です（信業7参照）。

　いずれにしろ、内閣総理大臣の免許、登録を受けた者でなければ業として信託を受けることはできないため、それらの者以外が信託の受託者となることは信託業法違反という問題が生じ得ます。

　将来的には福祉型信託などで受託者の規制が緩和されることなども望まれるところですが、今の段階では、業として受託者となるのには注意が必要です。完全に無償でやる場合は許されるとする考えもあったりしますので、各専門家の立場でしっかりと研究をしたうえで取り組むことが重要なテーマです。

7　特定贈与信託と障害者への税の優遇措置の紹介

　特定贈与信託とは、特定障害者（※）の方の生活費の安定を図るために、一定の信託契約に基づいて特定障害者の方を受益者とする財産の信託があったときは、その特定障害者の方の信託受益権の価額のうち、以下の価額まで贈与税が非課税となる仕組みのことです。

- 特別障害者である特定障害者の方については6,000万円
- 特別障害者以外の特定障害者の方については3,000万円

※　特定障害者とは、特別障害者および障害者のうち精神に障害のある方
　　をいいます。
（1）知的障害者
（2）精神障害者保健福祉手帳の所有者
（3）65歳以上で、（1）に準ずると市区町村長、もしくは福祉事務所長
　　　の認定を受けている者

※　特別障害者とは以下の方をいいます。
（1）事理を弁識する能力を欠く常況にある重度の知的障害者
（2）障害者等級1級の精神障害者保健福祉手帳の所有者
（3）障害者等級1級、2級の身体障害者手帳の所有者
（4）特別項症から第3項症までの戦傷病手帳の所有者
（5）厚生労働大臣の認定を受けた原子爆弾被爆者
（6）常に病床につき複雑な介護も要し、その程度が（1）または（3）
　　　に準ずると福祉事務所長の認定を受けている者

（7）65歳以上で、（1）もしくは（3）に準ずると市区町村長、もしく
　　は福祉事務所長の認定を受けている者

　上記の非課税の適用を受けるためには、財産を信託する際に「障害者非課税信託申告書」を、信託会社を通じて所轄税務署長に提出しなければなりません。

　特別障害者非課税信託は、税法上は、委託者から受益者に対するみなし贈与となります（いわゆる「他益信託」）が、上記の手続きをとることで、そのみなし贈与に関して非課税とすることができるのです。

　しかし、前述したように障害の程度によっては適用がない場合もありますので、注意が必要です。障害を持つ家族の目線でいうと、障害の程度に関係なく一定の非課税制度の拡充が望まれるところかもしれません。

　また、一定の金額を設定する必要があるかとは思いますが3,000万円や6,000万円が上限であり、それを超える信託受益権の贈与分に関しては通常の贈与税がかかります。

　家庭ごとに生活の安定を図るための金額は異なります。租税回避を防止する観点もあるとは思われますが、非課税限度額を超える場合も、追加信託等がなされたときに信託銀行が第三者的に管理報告を行い、必要な生活資金を支給するなど一定の要件の下であれば、非課税枠の拡充も望まれるところです。

【その他参考になる仕組み】

　一般的に、賃貸不動産や有価証券等を運用して出た収益は、受益者に対する所得となり、所得税が課税されてしまいますが、障害者控除として27万円（特別障害者のときは40万円）を所得金額から差し引くことができ、所得税を軽減することができます。

また参考までに、障害者の方を扶養している方も税制上の優遇があります。扶養している方の控除対象配偶者または扶養親族が障害者のときは、障害者控除として1人あたり27万円（特別障害者のときは1人あたり40万円）が、さらに特別障害者の方と扶養している方等が常に同居しているときは、障害者控除として1人あたり75万円を所得金額から差し引くことができます。

　相続税に関しては、委託者である両親の他の財産について法定相続人である障害者の方が相続した際に、85歳に達するまでの年数1年につき10万円（特別障害者のときは20万円）が障害者控除として、相続税額から差し引かれます。

◆具体的なイメージ

例：27歳と5カ月の法定相続人である特別障害者の方が相続した場合の相続税から控除ができる金額

　　20万円×（85歳－適用対象者の1歳未満の端数を切り捨てした相続開始時の年齢：27歳）＝1,160万円

　また、同一の被相続人から相続または遺贈により財産を取得した障害者の方の扶養義務者で、障害者控除額が相続税額より大きく、控除額の全額が引き切れない場合は、その引き切れない部分の金額を、その障害者の方の扶養義務者の相続税額から差し引きます。

　扶養義務者とは、配偶者、直系血族および兄弟姉妹のほか、3親等内の親族のうち一定の者をいいます。

　なお、以前の相続においても障害者控除を受けているときは、控除額が制限されることがあります。

　相続税の分野では、贈与税とは異なり、遺言で信託した場合に前述の障害者非課税信託のような非課税規定はありません。これもまた今後の課題の一つかもしれません。

　通常、相続または遺贈により財産を取得した人が、被相続人からその相続開始前３年以内（死亡の日から遡って３年前の日から死亡の日までの間）に贈与された財産がある場合には、その相続人の相続税の課税価格に贈与財産の贈与の時の価額を加算します。相続税と贈与税の二重課税を排除するために、その加算された贈与財産の価額に対応する贈与税の額は、贈与税額控除として加算された人の相続税の計算上控除されます。

　しかし、委託者が特別障害者非課税信託をした財産に関しては、上記の生前贈与加算の適用はありません。この部分は受益者の生活の安定に配慮した制度になっています。

　特定贈与信託は、障害を抱える家族がいる家庭にとって、非常に有効な手段になります。ただ課題も諸所あり、ますます積極的な普及と拡充が望まれます。

（5）身上監護面への配慮

①　身上監護に必要な成年後見制度

　今回のケースでは、長男が重度の障がいを持ち、身体監護が必要なことから、成年後見制度を利用する必要があります。どのタイミングで成年後見人をつけるかについては、相談者らの健康状態等を見ながら対応することになると思います。相談者らがまだ若い場合、今すぐに成年後見人をつけるか否かについてはいろいろな考え方があります。

　考え方としては、相談者らの健康面などに不安が出るまではあえて使わないという考えもあれば、相談者らの負担を軽減するために早めに活用するのが良いという考えもあります。

　私見としては、財産管理に信託（家族信託・商事信託）を使うという前提であれば、あえて弁護士などの法律専門職が後見人になる必要はなく、いわゆる身上保護面をしっかりサポートしてくれる専門家（社会福祉士、介護福祉士など）が成年後見人になってもらえるようにしたほうがよいと思います。

　よく家族信託と成年後見を扱う専門家の中で、次のようなことが議論されたりしています。

　成年後見に一生懸命取り組まれている方は「家族信託ではなく成年後見を使うべき」と、逆に家族信託に一生懸命取り組まれている方は「成年後見ではなく家族信託を使うべき」、という対立です。

　しかし、そもそも我々専門家がすべきなのは、相談者の課題解決であって、家族信託も成年後見もその解決の手段という位置付けにすぎません。

　相談者の課題の解決にとって一番良い方法が成年後見であればその提案をすべきですし、それが家族信託なら家族信託を提案す

べきです。また、併用が良い場合にはそれを提案したり、何もしなくていい場合にはそう提案したりすべきです。

② 相談者への成年後見制度の利用の検討

今は元気な相談者ですが、加齢に伴い判断能力等が減退していく可能性があります。親なき後問題では、子どものサポートに目が向きがちですが、相談者らの将来への備えもしっかりとしておく必要があります。

今の段階であれば、相談者らに任意後見契約を締結しておいてもらうこと、任意後見人には家族信託のことなどに理解をしてくれる人になってもらうこと、などを説明しておく必要があると思います。

（6）行政サービス等の活用

障害者支援の仕組みは様々なものがあります。行政関係でも国、都道府県、市町村において様々な施策に取り組んでいます。

例えば、介護サービスが必要な場合には、市町村で相談・申込みをしたうえで、障害の程度についての認定を受け、サービスを利用するような仕組みになっていたり、障害年金を受給したり、その人の状況に応じて受けられるサービスを活用することが望ましいところです。

行政機関のほか、地域においてはNPO法人で支援活動をしている団体等もあることから、それらの団体との連携を図ることで、より良い支援を受けられる体制を作ることが必要です。

その他、「障害者扶養共済制度」という仕組みもあります。障害者扶養共済制度とは、障がいのある子を育てている保護者が毎月掛金を納めることで、保護者が亡くなったときなどに、障害のある子に対し、一定額の年金を一生涯支給するというものです（詳しくは、厚生労働省のホームページをご参照ください）。

なお、行政サービスではないですが、生命保険を活用する仕組みによって残された子どもの生活を支える仕組み（生命保険信託）もあります。

（7）小　括

　今回のケースでは、身近に頼れる親族がいない相談者にとってよい組合せとして、

特定贈与信託　＋　遺言　＋　任意後見契約

が考えられます。

　前述のとおり、特定贈与信託を活用することで、将来にわたって安定的に金銭給付が受けられる体制を作ることが可能です。この給付と、障がいを持つ方が受けられる障害年金とあわせて生計の維持を図るようにしていくことができます。

　それにあわせて、父親や母親の年齢上昇に伴い、自らの判断能力が低下することに備えて、必要に応じて任意後見契約を締結しておくことも考えられます。そうすることで、家庭の事情に通じた人が将来後見人になる仕組みを作って、予期せぬトラブルを防止することができます。

　そして、遺言が必要な理由は、前にも述べたとおり、年金などは信託財産とすることができないことから、将来における年金について対応するためです。

　法律論ではありませんが、障がいを持つ子がどの施設に入れるのか、というのはきわめて重要なことです。その点についても、しっかりと行政機関の窓口で確認しておく必要があります。

4　税務面での留意点

　上述のとおり、特定贈与信託も含め、障がいがある家族を抱える方のために活用できる仕組みは様々でその中には税の優遇を受けられるものもあります。

　もっとも、これはすべての行政の仕組みに共通するところですが、それらの仕組みの恩恵を受けるためには、自らが利用のための手続きをしないといけません。仕組みをよく理解したうえで、活用しましょう。

5　登記面での留意点

　今回のケースでは、あまり登記というものが出て来ません。

　一般論として再度注意を促すために述べると、不動産がある場合、その不動産の名義を変更するためには当該名義人の本人確認・意思確認が必要です。高齢になって認知症やその他の病気になって判断能力を失った後は、不動産の名義変更はできません。

　今回のケースでは特段話が出ていませんが、仮に障がいを持つ家族のため、将来的には自宅を売却してお金を作りたい、ということになれば、**事例1**で取り上げたような認知症対策としての信託も組み合わせておく必要があります。

6　信託契約書

　今回は、自宅があることからその自宅不動産と金銭を家族信託した場合の契約書例を作ってみました。なお、前提として受託者とな

る家族がいたということを想定しています（いない場合には、上述の商事信託等の活用になります）。今回はあらかじめ信託のスキームの検討メモを載せたうえで、契約書を示しています。

【信託スキーム】（契約書作成専門家による検討）
- 信託契約を２つ作成する必要があると考えました（父親・母親を委託者とする。資産のほとんどを一方の配偶者が持っていたら、１つの契約でも可能と思われます。）
- 以下は父親の信託契約のスキームについて説明します。母親の信託契約のスキームもこれとほとんど同じと考えてよいです（事例から不明な家族構成については、設定を追加）。

【設　定】
　父親（X）、母親（A）、長男（B）のほか、甥（Y）、甥（C）姪（F）、施設（社会福祉法人G）を設定）
- 委託者 ➡ 父親X
- 受託者 ➡ 甥Y（27歳）。受託者が欠けた場合の措置も考案
　　　　　　Y亡き後、甥C（24歳）を受託者とする。
- 受益者 ➡ 一次受益者：父親X　二次受益者：長男B
- 残余財産の帰属先 ➡ ①母親A　②母親A亡き後は、お世話になった施設（社会福祉法人G）
- 信託監督人 ➡ 弁護士、司法書士などの専門家。信託監督人が欠けた場合の措置も考えておく。
- 信託財産 ➡ 自宅、金銭の一部として状況に応じて追加信託をできるようにしておく。
- 信託期間 ➡ 父親Xおよび長男Bが死亡するまで

◆相関図

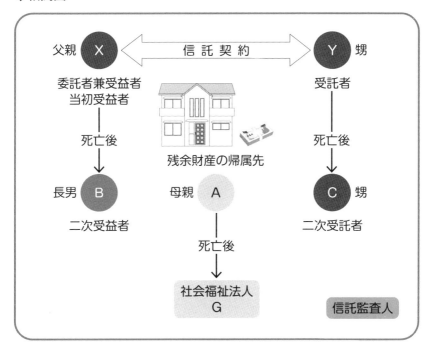

○その他

　信託とは別に姪D（25歳）を任意後見人とする任意後見契約を締結することも考えました（長男は重度の障がいを持っていますが、任意後見契約を締結する能力はあると仮定。なければ、将来、法定後見の利用を検討することになります。）

【契約書例2】

信託契約書

　委託者Ｘと受託者Ｙは以下のとおり信託契約を締結した。

（信託目的）
第1条　本信託の信託目的は以下のとおりである。
　　　委託者の別紙信託財産目録記載の財産（以下、「信託財産」という。）を受託者が保存、管理、処分等することにより、
　　（1）　受益者（二次受益者以降の受益者も含む）の財産管理の負担をなくすこと。
　　（2）　受益者（二次受益者以降の受益者も含む）が現在と変わらぬ生活を送り続けられるようにすること。

（信託契約）
第2条　委託者は、本契約の締結日に、前条の目的に基づき、別紙信託財産を受託者に信託し、受託者はこれを引き受けた（以下、本契約に基づく信託を「本信託」という）。

（信託財産―預金）
第3条　委託者は、信託契約締結後、遅滞なく、信託財産目録記載1の預金を払い戻し、当該払戻金を受託者に引き渡す。
2　受託者は、前項の払戻金を信託財産に属する預金専用の口座を開設してその口座に入金して管理するものとする。

（信託財産―不動産）

第4条　信託財産目録記載2、3の不動産の所有権は、本契約締結日に受託者に移転する。

2　委託者および受託者は、本契約締結後直ちに、前項の信託不動産について信託を原因とする所有権移転登記の申請をする。

3　受託者は、前項の登記申請と同時に信託登記の申請を行う。

4　前二項の登記費用（登記にかかる専門家報酬も含む）は、受託者が信託財産から支出する。

（信託の追加）

第5条　委託者は、受託者の同意を得て、金銭を本信託に追加することができる。

（委託者）

第6条　本信託の委託者は以下のとおりとする。

　　委託者　住　　所

　　　　　　氏　名　　Ｘ

　　　　　　生年月日

（委託者の地位の不承継）

第7条　委託者が死亡した場合、委託者の地位は消滅し相続人に承継されない。

（受託者）

第8条　本信託の受託者は、以下のとおりとする。

　　受託者　住　　所

氏　名　　Y（甥）

生年月日

2　受託者Yの任務が終了した場合の新受託者は以下のとおりとする。

新受託者　住　所

氏　名　　C（甥）

生年月日

3　受託者Yの任務が終了してCが新受託者に就任しない場合、その他新受託者を選任する必要があるときは、信託監督人が単独で新受託者を選任することができる。

（受託者の信託事務）

第9条　受託者は以下の信託事務を行う。

（1）　信託財産目録記載2、3の不動産を保存、管理、処分すること。ただし、信託財産目録記載2、3の不動産の第三者への賃貸または処分をするには信託監督人の同意を要するものとする。

（2）　信託財産目録記載2、3の不動産を第三者に賃貸し、第三者から賃料を受領すること。

（3）　前号によって受領した賃料を、信託財産目録記載2、3の不動産の保存、管理費用に充てること。

（4）　上記1号および2号において受領した売却代金および賃料を管理し、受益者の生活費、医療費および介護費用等に充てるため支出すること。

（5）　信託財産に属する金銭および預金を管理し、受益者の生活費、医療費および介護費用等に充てるため支出すること。

（6）　受託者は信託財産目録記載の不動産に関し、必要が

あればすでに契約している火災保険等の損害保険契約
の被保険者の変更等の手続きを速やかに行うこと。
（7）　その他信託目的を達成するために必要な事務を行う
こと。

（信託事務処理の第三者への委託）
第10条　受託者は、信託財産目録記載2、3の不動産の管理
を第三者に委託することができる。

（分別管理義務）
第11条　受託者は、信託財産に属する金銭および預金と受託
者の固有財産とを以下の各号に定める方法により、分別し
て管理しなければならない。
（1）　金銭　信託財産に属する財産と受託者の固有財産と
を外形上区別することができる状態で保管する方法
（2）　預金　信託財産に属する預金専用の口座を開設する
方法

（帳簿等の作成、報告、保存義務）
第12条　本信託の計算期間は、毎年1月1日から6月30日ま
でおよび7月1日から12月31日までとする。
2　受託者は、信託事務に関する計算を明らかにするため、
信託財産に属する財産および信託財産責任負担債務の状況
を記録しなければならない。
3　受託者は、信託財産に関し、第1項の信託期間に対応す
る信託財産目録および収支計算書を当該計算期間が満了し
た月の翌月末日までに作成しなければならない。
4　受託者は、信託財産目録記載2、3の信託不動産を第三

者に賃貸することに関し、賃貸借契約の当事者および内容
等に変更があった場合は、その報告書を作成しなければな
らない。

5　受託者は、第3項記載の信託財産目録および収支計算書
を第3項により定められた期日までに、受益者および信託
監督人に提出しなければならない。

6　受託者は、第4項の報告書を作成の都度、受益者および
信託監督人に提出しなければならない。

7　受託者は、第2項に基づき作成した帳簿は作成の日から
10年間、第5項に基づき受益者および信託監督人に提出し
た書類は信託の清算結了の日までの間、保存しなければな
らない。

（信託事務処理費用の支出、償還）
第13条　受託者は、信託事務を処理するについて費用を要す
るときは、信託財産から直接支払うことができる。

2　受託者は、信託事務処理に係る費用を、直接、信託財産
から償還を受けることができる。

3　受託者は、受益者から信託事務処理に係る費用の償還ま
たは前払いを受けることができる。

（信託報酬）
第14条　受託者の報酬は月額○○円とする。ただし、一月に
満たない期間がある場合は、その期間は日割り計算とす
る。

2　前項の報酬は、第12条の本信託の計算期間の満了日の翌
日から1カ月以内に、年2回、一括で信託財産から直接給
付を受けるものとする。

（受益者）

第15条　本信託の当初受益者は、委託者Ｘとする。

2　当初受益者Ｘが死亡した時は、当初受益者が有する受益権は消滅し、Ｂ（住所○○、生年月日××）が新たな受益権を取得する。

（受益権）

第16条　受益者は、受益権として以下の権利を有する。

（1）　信託財産目録記載2、3の不動産を生活の本拠として使用する権利。

（2）　信託財産目録記載2、3の不動産が売却された場合は、その売却代金から給付を受ける権利。

（3）　信託財産目録記載2、3の不動産を第三者に賃貸したことによる賃料から給付を受ける権利。

（4）　信託財産目録記載1の預金から給付を受ける権利。

（5）　その他、信託財産に組み込まれた一切の金融資産（現金、預貯金、有価証券を含む）から給付を受ける権利。

（信託財産の給付方法）

第17条　受託者は、受益者の生活に必要な資金として次の通り定期にまたは必要に応じて随時に、信託財産から受益者に対し給付する。

（1）　定期給付　受託者は、毎月○○円を受益者に給付する。

（2）　随時給付　受益者の生活に必要な資金について、受益者、受益者の後見人等（任意後見人（任意後見人候補者を含む）、後見人、保佐人、補助人のこと）のい

ずれか一人から給付要求があるときは、その都度、必
　　　要額を受益者に給付する。

（受益権の譲渡・質入れの禁止）
第18条　受益者は、受益権の譲渡または質入れをすることが
　できない。

（信託監督人）
第19条　本信託の信託監督人として、以下の者を指定する。
　　　事務所所在地　　○○　　○○事務所
　　　氏　名　Ｈ
　　　職　業　弁護士
２　信託監督人の任務が終了した場合の新信託監督人は、前
　任の信託監督人があらかじめ指定した者とする。
３　信託監督人の任務が終了して前項の指定を受けた者が新
　信託監督人に就任しない場合、その他新信託監督人を選任
　する必要があるときは、Ｄ（住所○○、生年月日○○）が
　単独で新信託監督人を選任することができる。

（信託監督人の報酬）
第20条　信託監督人の報酬は月額○○円とする。ただし、一
　月に満たない期間がある場合は、その期間は日割り計算と
　する。
２　前項の報酬は、第12条の本信託の計算期間の満了日の翌
　日から１カ月以内に、年２回、一括で受託者から信託監督
　人の指定した口座に振り込みによって給付を受けるものと
　する。

（信託の変更）

第21条　本信託において受託者および受益者または受益者の任意後見人（任意後見人候補者を含む）が協議し、両名の合意により、信託の変更をすることができる。なお、受託者及び受益者の合意により信託を変更する場合は、受益者の任意後見人等（任意後見人（任意後見人候補者を含む）、保佐人、補助人のこと）の同意を要するものとする。

（信託の終了事由）

第22条　本信託は、受益者ＸおよびＢの死亡により終了する。

（帰属権利者）

第23条　本信託終了時の帰属権利者としてＡ（住所○○、生年月日××）を指定する。

2　本信託の終了時に前項のＡがすでに死亡している場合には、帰属権利者として社会福祉法人Ｇを指定する。

（帰属権利者への信託財産の給付方法）

第24条　清算受託者は、信託財産に属する債権の取立て及び信託財産に係る債務の弁済の後、第23条１項、２項に定める帰属権利者に残余の信託財産を引き渡す。ただし、第23条２項に定める帰属権利者には、残余の信託財産を現金に換価処分して引き渡す。

2　清算受託者は、前項の信託財産の引き渡し、換価処分に要する費用等は信託財産から支出することができる。

契約書例2

信託財産目録

1　預金
　　○○銀行○○支店　定期預金
　　口座番号　××××
　　口座名義人　□□□□

2　土地
　　所　在
　　地　番
　　地　目
　　地　積

3　建物
　　所　在
　　家屋番号
　　種　類
　　構　造
　　床面積

7　法務・税務の観点からのコンメンタール

　今回、事例からは明らかでない部分について、契約書作成者によって補足をしてもらっています。その主な内容としては、父、母、子のほかに、甥が2人、姪が1人いて、その親族達は信用して任せられる、という設定です。

　家族信託にあたっては、信頼して財産の管理を任せられる家族、友人の存在が不可欠であるため、本件においては、上記のとおりの設定で検討します。

　家族信託の普及が進まない理由として、財産の管理を任せられる適当な受託者候補者がみつからないという点もあげられます。受託者はいても、第二受託者、第三受託者となってくるとなかなか難しい場合が多いというのが実務をやっていての印象です。

　なお、税務については、**事例1**と同様の論点は省略しています（以下の各事例も同じ）。

○　第1条（信託の目的）について

[1]　第1号

◎◎ **法務**

　第1号では受益者の財産管理の負担の軽減と記載しています。今回の場合、委託者＝当初受益者の自益信託であるため、その段階ではこの表現で間違いはないのですが、信託によって財産管理の負担を軽減されるのは「委託者」であり、「受益者」ではありません。

　受益者は、「受益権を有する者」（信2⑦）であって、財産を管理する者ではないため、この規定ぶりは適切ではないと思われます。

　今回の記載の意図は、おそらく相談者である父親Xと長男Bの負担を軽減するという意味で、両者はともに受益者だからそう書いた

と思われますが、もしそうであれば次のとおりの記載とするのが適切であると考えられます。

> （例）　委託者であるＸ、その長男であるＢの将来における財産管理の負担をなくすこと

［２］第２号

第２号についても「受益者」という役割で指定するのではなく、具体的に名前で特定するほうが簡明であると思われます。

ここで一つ補足をしておくと、契約書の中において「受託者」「受益者」と指定をしている場合、それが誰のことを指定しているのかわかるようにしなければなりません。また、受託者にしろ、受益者にしろ、当初から変更が加わることがあるので、この点は注意しなければなりません。

例えば、受益者が２人いる場合、どちらを指しているのかがわからないような契約書は避けるべきです。

今回の場合、受益者Ｘと受益者Ｂとでは、相談内容からして財産管理の意味合いが変わってきますので、受益者ごとに信託の目的を分けて記載したほうがよいでしょう。

○　第３条（信託財産―預金）

◎◎ 法務

信託財産―預金とありますが、信託するのは払い戻した後の現金であって、預金自体を信託するわけではないため、具体的な金額を記載するのが望ましいです（**契約書例１－第２条（２）**）。

○　第５条（信託の追加）

◎◎ 法務

第５条において追加信託の対象を金銭に限定していますが、将来

においてもXが金銭以外を追加信託する可能性が全くないか、また追加信託の対象を金銭に特定しているのには理由があってそうしているのか、参考にした書式がそうなっていただけかの確認が必要です。

もっとも、すでに述べたとおり、不動産を追加信託するという条項があれば、いつでも信託ができるのかについては、**契約書例1**の解説（P.78）を参照してください。

○　第7条（委託者の地位の不承継）

◎◎ 法務

本契約書では、委託者の死亡により委託者の地位は消滅し、相続人に承継されない旨の規定がされています。法務的にはこのほうがよいと考えられることも多いのですが、登録免許税との関係で問題が生じることがあることはすでに述べたとおりです。

少し重複しますが、大まかな話としては、登録免許税の軽減を受けられるのは、委託者の地位を有する受益者がいて、その受益者の相続人が不動産を取得する場合に限り、1000分の4の税率の適用となります。委託者の地位を消滅させてしまうと、この特例の適用が受けられなくなることから、地位を消滅させてしまうのは税務上のリスクを抱えることになるので、現時点においては避けておくほうが望ましいという意見もあります。

もっとも、このテーマは単純に登録免許税が安く済むからこうしたほうがいい、という発想だけではなく、法務上の問題が生じないかなども含め検討をしなければならない点に注意をすることが必要となります。

例えば、委託者の地位が承継されることにより、信託契約を良く思っていない相続人に当初の委託者が想定していないタイミングで信託契約を終了させられてしまう可能性もあります。登録免許税ばかり気にしてしまい、本題の信託契約が途中で終了してしまったら

本末転倒です。家族信託においては、法務、税務、登記面において
いろいろな角度から検討しないと足元をすくわれる可能性もあるの
で注意してください。

○ 第8条（受託者）

◎◎ 法務

　第3項で信託監督人が新しい受託者を選べるという形にしていま
すが、信託監督人は受託者を監督する立場の人です。また、受託者
は信託監督人にはなれません（信137、124二）。

　そのことからすると、監督する立場の人が監督される立場の人を
選ぶ、というのが適切かどうかは検討を要するところです。

　また、信託監督人が先に亡くなってしまう可能性も考慮しなけれ
ばなりません。新しい信託監督人が選任されても、本件の信託の当
事者や信託契約の内容を熟知している専門家かどうかはわかりませ
ん。内容をあまり把握していない信託監督人に受託者を選任される
ことで、信託自体がうまく立ちゆかなくなるリスクもあります。

　そして、この条項には、いつ受託者の任務が終了するか明記され
ていないところですが、明記することが望ましいでしょう。

○ 第9条（受託者の信託事務）

◎◎ 法務

　第1号と第2号の内容が重複している部分があります。具体的に
は、第1号の管理の中に第三者への賃貸が入っていると思われるこ
とから、この2つの規定は統合したほうが簡明です。

　また、第6号では保険契約の変更手続のことを明記しています
が、明記していることで保険会社との交渉がやりやすくなると思わ
れます。ただし、実際に変更できるかどうかは保険会社としっかり
と相談をしておく必要があります。

　母親Aへの生活費等の支出について、将来においても必要がない

か検討する必要があります。信託契約後は、信託財産について受益者のために財産管理を続けていく形となります。仮にXが判断能力を喪失した後に、Aの生活費が不足した場合、形式的には、信託財産からは支出できないことになるため、注意が必要です。

○　第11条（分別管理義務）

◎◎ 法務

　第2号で「信託財産に属する預金専用の口座を開設する方法」と規定していますが、地域によってはこの専用口座を開いてくれない場合も想定されます。よって、その旨を盛り込んでおくのも一つの方法です。

> （例）　信託財産に属する預金専用の口座を開設する方法。ただし、金融機関が信託口口座の開設に応じてくれない場合には、受託者が信託財産に関する預金のみを保管するための新たな口座を開設する方法。

○　第12条（帳簿等の作成等）

◎◎ 税務

　本契約書では、年2回の報告としていますが、年1回でよいと思われます。また、帳簿の作成といっても、信託財産の利用等が明確になっていればよいので、信託口口座の通帳に書き込む形で管理をするなど、受託者の負担が増えないような仕組みとすべきでしょう。もっとも、適正な信託の運営のために、専門家がしっかりとこの部分をフォローすることも、今後重要になってくると思われますので、その点も付言しておきます。

○ 第13条（信託事務処理費用の支出、償還）

◎◎ 法務

信託においては、受託者が様々な費用を支出することが想定されます。その費用について、受託者が立て替えることに支障がないのであればそれでよいですが、そうでない場合には、受託者が信託財産から必要な費用を支出できるように定めておく必要があります。

なお、信託財産からの費用等の償還等については、信託法48条以下に定めがあるのでご参照ください。

○ 第14条（信託報酬）について

◎◎ 法務　　**◎◎ 税務**

本契約書では、信託報酬の設定があります。よく家族信託においては「家族がやるのだから報酬は無報酬でなければならない」ということを聞きますが、これは必ずしも適切とはいえません。

類似の話として、介護負担の金銭への換算などもあります。「親の介護は子の当然の義務で無償であるべき」という考えも根強くありますが、他方で「介護離職」などの社会問題も生じている難しいテーマです。

子どもの面倒を親がみる、親の面倒を子がみるという場合には、報酬設定をしない場合も多くあると思われますが、そうでない場合、今回の例のように甥や姪が一定の負担を負う場合には、適切な報酬を取ることは差し支えなく、またむしろ取るべきだと思われます。

長く受託者として信託を支えていく立場を単にボランティアだけでやってしまうと、信託自体が立ち行かなくなる可能性がある点も注意しなければなりません。

また、第2項では、報酬の給付時期を限定していますが、あえてこのような限定をせず、毎月受領とするほうが簡明であると思われます。今回の契約書においては、受託者の報酬を月額○○円と特定

していますが、契約当初は受け取らず将来的には報酬を受け取る可能性がある場合、時期によって受託者の負担が違ってくる場合、貨幣価値が変動する場合に備え「金○○円以内とする。」と規定するのも一つの方法です。

○　第15条（受益者）

◎◎ 法務

　本信託の当初受益者が委託者であるＸとなる点については異存ありません（いわゆる「自益信託」）。ただし、今回の場合、二次受益者を直接Ｂとすべきか、それともＸの妻Ａとすべきかについては事案により異なってきます。

　また、受益者連続の書き方について、本契約書では、Ｘが死亡したときは、その受益権は一旦消滅し、Ｂが新たに受益権を取得する旨の規定がされています。これがいわゆる「発生、消滅型」の受益者連続で、このような規定にしておくほうが望ましいとされています。信託法91条の規定もそのようになっています。

　なぜ、このほうが望ましいかというと、遺留分の請求がされたときへの一定の備えとなり得るからです。ただし、「発生・消滅型」をとったからといって遺留分が一切問題にならなくなるわけではありません。

○　第16条（受益権）

◎◎ 法務

　本契約書では、受益権の内容が箇条書きで書かれています。世に出回っている契約書においては、受益権の内容を逐一書いていないものもあります。最も目にするのは、受益権という条文の中で定めているのが受益権の譲渡制限に関するものだけ、というものです。

　契約書を見る立場からすると、今回の受益権はどういうものなのか確認しようと思ったとき、受益権に関する定めを探すのですが、

そこに内容が一切書いていないとなると、契約書の全体をチェックしてその内容を探ることになります。

受益権の内容は可能な限り明確にしておかなければ、何が受益権かが明らかとならないため、このような形の条項とするのが望ましいと考えます。

もっとも、種類の異なる財産を一つの契約で信託した場合で、受益権を割合で表示するようなケースではその受益権の内容を表現するのが難しいこともあります。

後述の第18条においても、何が譲渡禁止になっているのかは受益権の内容が明らかになっていないと判断が難しいのです。

筆者は、契約書を作った人に「今回の信託の受益権の具体的な内容は何ですか」とよく質問をするのですが、多くの場合「受益権の内容は本件信託から発生する受益権である」という回答をもらいます。これでは、いわゆる同義反復となってしまい、受益権がどういう内容のものなのか、全くわかりません。

それと、第4号において「信託財産目録記載1の預金から給付を受ける権利」と書いてありますが、これは誤りです。契約書の第3条に規定のあるとおり、この預金は信託設定時に払い戻されているので、残高がなくなっているはずです。仮に残っていたとしても、この預金はあくまで委託者の預金債権であるため、委託者が直接金融機関に払戻しを請求できる性質のものであって、決して「受益権」の内容ではないのです。

なお、より正確には受益権と受益債権を区別するべきかもしれませんが、実務ではあまり区別されないため割愛します。

○　第17条（信託財産の給付方法）

◎◎ 法務

本契約書は定期給付として具体的な金額を入れていて、明確で良いと思われます。もっとも、常に明確にできるかどうかはケースバ

イケースなので、事案に応じた書きぶりが必要となります。

○　第18条（受益権の譲渡・質入れの禁止）
◎◎法務

信託法93条においては、受益権の自由譲渡性を定めているため、この規定を入れておかないと、受益権が転々譲渡されてしまい問題となり得ます。家族信託においては多くの場合に入れておく必要があります。

○　第19条（信託監督人）
◎◎法務

今回のケースでは、大きな金額が動くことから、信託監督人を置いています。信託監督人は、受託者を監督して、信託が適正に行われることを担保する役割を持ちますが、家族信託においてはそれとは別に、信託の仕組みがスムーズに実現されるように、全体をサポートする役割も期待されています。

今回の信託においては、法務的なサポートもありますが、金額が大きいと税務面でのサポートのほうが必要な場合もあります。信託監督人を置く場合、どういう立場の人を置くのか、事案に応じて考える必要があります。

○　第21条（信託の変更）
◎◎法務

この条文からは、極端な言い方をすると、受託者と任意後見人候補者が合意をすれば、受益者が元気であっても契約の変更ができるように読み取れます。それで問題がなければよいのですが、そういう想定ではなかった場合、この条項は修正しなければなりません。

信託の変更については、予期せぬ形で変更されないような仕組みにしておく必要があります。少なくとも、特定の人が勝手に簡単に

変更できるような仕組みは避けるべきです（特定委託者の解説については、P.71～を参照のこと）。

○　第22条（信託の終了事由）

◎◎法務

　信託の終了事由を「受益者XおよびBの死亡」としていますが、この書き方だと場合によってはどちらかの死亡により信託が終了するのではないか、と勘違いされる可能性があります。両者の死亡時が終了事由とするのであれば、「受益者XおよびBがともに死亡したとき」という表現にしたほうが疑義は生じない表現となります（法律用語上は「および」はandの意味なので間違いというわけではないですが）。

○　第23条（帰属権利者）について

◎◎法務

　帰属権利者として社会福祉法人Gも設定に入っていますが、あらかじめ受け取ってくれるかについて確認をしておく必要があります。このケースに限った話ではないですが、財産をあげる側は「あげるものは当然もらってくれるものだ」と思いがちです。金銭の場合は概ね受け取るケースが多いですが（それでも施設によっては受け取れないというところもあります）、不動産があるような場合には注意が必要です。

8　その他の実務上の問題点

（1）ヒアリング

　いわゆる親なき後問題においては、家族は障がいを持つ子の幸せ

のために何でもしてあげたいと考え、一生懸命取り組むケースが非常に多いです。その思いに応えるために、実際に自宅に行って何度も話を聞いたうえで、どのようなことを叶えたいか、ということを一緒に考えることが重要です。

　そういう意味で、ヒアリングがより重要になるのが、この親なき後問題です。この点をおざなりして単に信託契約書を交わすだけでは、専門家として果たすべき役割を果たしているとはいえないと考えます。

（2）公正証書の作成

　地域によって異なりますが、多くの場合、信託口口座の開設にあたっては信託契約書を公正証書とすることが求められます。子の障がいの程度にもよりますが、任意後見が可能な場合には、公証人に自宅へ来てもらって対応してもらうことも考えられますし、未成年の子であれば法定代理人の立場で任意後見契約をすることができないか、なども検討すべきかと思います。

（3）信託口口座の開設

　家族信託において、金銭を信託する場合には、信託口口座で管理するのが望ましいところです。信託口口座については、p.56で詳細に取り上げているので、そちらをご参照ください。

9　本事例での補足検討

　今回のケースで、長男以外に二男や長女がいた場合はどうかの補足説明をします。

　親の立場からすると長男のために全財産を残したいと考えるケースは多いと思います。しかし、そうしてしまうと、二男や長女との

関係で問題が生じる可能性があります。

　また、二男や長女が遺留分という権利を行使することが考えられます。

　そのようなことに備えて、遺留分を侵害しないような仕組み作りをしたり、あらかじめ二男や長女に遺留分を放棄してもらったりするなど、一定の対応をしておく必要があります。まずは何よりも大事なこととして、親としてどういう思いを持っているかをしっかりと二男や長女に伝えることが重要です。

　遺言を残す場合において付言事項でその思いをしっかり残すことも一つの方法ですし、家族信託をする際に、家族でしっかりと話し合う、いわゆる家族会議を開催し、思いを共通のものとすることで、もめごとを予防することができます。

共有不動産解消対策

1 事例の概要

　過去の様々な経緯の中で、共有となっている不動産があります。その不動産は、相談者のほか、相談者の叔父、叔母の3人での共有となっています。なお、相談者の父はすでに他界しています。

　叔父も70歳を超え、少し判断能力が低下してきているところで、認知症になると不動産の売買や、大規模修繕をしようと思ってもできなくなると聞き不安に思っています。また、叔父が亡くなった後、その相続人と話がうまくまとまらなかった場合、この不動産が塩漬けになるのではないかと危惧しています。

　相談者は、セミナーなどを通じて学ぶ中、「家族信託」という手法があることを知りました。叔父の認知症リスクへ対処するため、また、将来における不動産の管理を円滑にするために家族信託を活用したいと思っています。

◆関係図

相談者・叔父・叔母の共有になっている不動産

2　事例の背景

　筆者らが実際に相続相談を受けている中で、不動産が共有になっているケースというのは多く見られます。

　不動産が共有状態となっている理由としては、相続発生時に不動産につき遺産分割協議をしていないケース、とりあえず法定相続分どおりに遺産分割をしたケース、遺産分割協議でもめてしまい解決しないケースなどが目立ちます。

　また、相続人間では口頭での遺産分割協議はできているにもかかわらず、相続登記にかかる費用がもったいないなどという理由で、分割協議書の作成や相続登記をしないケースもあります（これまでは相続登記をしないことにペナルティがなかったことや、相続登記

をするインセンティブがなかったことなどが背景にあります。相続登記の義務化については、後述**コラム8**参照)。

　いずれの場合においても、不動産が共有となった状態で何か問題が起こってから相談に来られる相談者が多いというのが実情ですが、正直もっと早く対策していたら良かったのにと思うケースばかりです。

3　今回のケースで取るべき手法および留意点

（1）何もしなかった場合

　今回のケースで何もしなかった場合はどうなるでしょうか。

　相談者や叔父、叔母のうちの誰か一人でも認知症等により判断能力を失ってしまうと、3人の合意による処分ができなくなります。なぜなら、法律行為をするには、権利者が判断能力（行為能力）を有している必要があるため、その能力を欠いた場合には、有効な処分をすることができないからです。

　判断能力喪失後になんとか処分をしようと思うと、その判断能力を失った人に成年後見人をつけたうえで対応をしていくことになります。

　しかしながら、ご存知のとおり、成年後見制度はスポット的な利用はできないことから、共有物の処分のためだけに利用することはできません（諸外国にはそういう限定的な場面でのみ使える後見制度もあるようですが日本にはありません）。

　成年後見制度が、判断能力が減退または喪失した人の代わりに意思決定等をするという仕組みであることから、判断能力が回復しない限り、途中で利用を辞めるということは仕組みとしておかしいことになるため、スポット的な利用が認められないというのも仕組み

としてはやむを得ないところです。

　スポット的な利用ができないということは、裏を返せば、成年後見人が選任された場合には、その後死亡するまでずっと成年後見人がつくことになります。

　そして、仮にこの共有不動産が成年被後見人自らの居住用不動産であったような場合には、裁判所の許可が必要となります（民859の3）。

　このように、あらかじめ何もしなかった場合には、予期せぬ形で様々な手続きが発生してしまうことになりかねませんし、場合によっては家庭裁判所の許可が出ないなどのリスクも生じてしまうことになります。

　さらに、共有者に相続が発生した場合には、その相続人らとの間で合意をしないといけなくなるのですが、人数が増えるとそれだけ合意が難しくなり、合意が得られないと不動産が塩漬けになってしまうこともあります。

（2）共有をあらかじめ解消しておく

　理想的な方法としては、あらかじめ共有を解消し、不動産を単独名義にしておくことです。不動産が共有であることには様々なリスクがあることから、共有を解消することができれば最も望ましいといえます。

　しかしながら、共有を解消するために贈与や売買をすることには、次のような問題点があります。

　まず、贈与という方法を利用した場合、年間110万円を超える財産を渡すと贈与税が発生します。贈与税は決して安い税金ではないため、不動産のような価値の高いものを贈与すると結構大きな税金が発生します。よって、簡単に贈与により共有を解消する、というわけにはいきません。

　次に、売買について考えてみると、売買を利用した場合には名義

人となる人が多額の代金を支払わなければなりません。買主がお金を用意しないといけないという大きな問題が生じますし、売主が現金を多く持つと将来の相続税の問題を引き起こしてしまうことになりかねない等の問題もあり、この方法もなかなか難しいところです。

理想的には、所有権の名義人が1人になることです。

なお、相続人への贈与であれば、相続時精算課税制度の活用、配偶者への名義変更であれば、2,000万円の配偶者特別控除などの活用も考えられます。

（3）家族信託による対応

信託には管理・処分権限を集約するという機能があるため、それを活用するやり方です。上記のような通常の贈与や売買などの際に生じる諸問題（贈与税、売買代金の準備など）については、家族信託を使うことである程度クリアできます。

今回のケースでは、叔父の持分（および叔母の持分）を相談者に信託することで、当該不動産について、自己の持分部分については所有者として、叔父（および叔母）の持分については受託者として所有することになります。よって、当該不動産の売却等の権限を相談者一人に集約することができるようになり、結果、叔父の健康状態にかかわらず、処分が可能となります。

なお、今回は、健康状態に不安があるのが叔父のみですが、叔母の不動産も一緒に一本化しておくことが、リスク回避の観点からは大切かと思います。

8 所在不明土地問題および相続登記の義務化

平成30（2018）年5月1日に、政府の関係閣僚会議で基本方針が決定され、その際にニュース等でも結構取り上げられていたので、見た方も多くいらっしゃるかもしれませんが、いよいよこの所在不明土地問題が本格的な検討に入りました。それ以後も様々な報告が世に出ています。

1 国の方針の概要

今回の方針の大きな方向としては、
（1） 土地の所有権を放棄できる仕組みの創設の検討
（2） 相続登記の義務化
（3） 関係する法律の改正を2020年までに行う
というものです。

2 世の中の状況

2018年の夏のニュースで、切り立ったところにある竹林の管理ができていないために、下に住んでいる住民が不安に思っているというニュースが報じられました。誰も管理しない・できない土地というものは存在しますし、これからもっと増えていくことでしょう。

3 なぜ相続登記を義務化する必要があるのか

これまで相続登記は任意のもので、やってもやらなくてもどちらでもよいものとされてきました。そのため、祖父・祖母の代のまま相続手続がされていない不動産や、すでに亡くなった方との共有名義の不動産が存在するなど、その不動産を活用しようと思っても活用できない不動産がどんどん増えています。この問題が顕在化したのは、東日本大震災の災害復興の

際、所有者がわからない土地が多くありすぎて、その復興事業に支障が生じた時からです。

　今歯止めをかけないと、将来における不動産の凍結による様々な問題を避けることができないと考えられています。そのため、まずは相続登記を義務化して、これ以上所有者不明土地が増えないようにしようというのが義務化の理由です。

4　なぜ土地の所有権を放棄する仕組みが必要なのか

　「不動産は価値があるのだから、放棄しなくても売ればいい」という人も多くいますが、地方、とりわけ田舎の不動産については、売ろうと思っても売れないケースがままあります。土地によっては、以後の管理にお金がかかることなどから、タダでももらってくれないケースというのを何度も目の当たりにしてきました。負動産という言葉が使われたりすることもあります。不動産売買のサイトなどを見ると、土地にマイナスの数字がついています。どういうことかというと「この土地をもらってくれたら、いくらいくら払います」ということで、そういう土地も決して少なくありません。

　不動産の持ち主はどうしても、「以前、この土地は○○円で買ったのだから、それだけの価値があるはずだ」とか、「固定資産税のところに○○円と書いてあるじゃないか」という思いになりやすいのですが、実際には不動産が売れない、手放せないで困っている方も多くいます。

　その「手放せない」を放置すると、結果として相続登記の未了、所有者の不明問題の増加につながります。所有権を放棄する仕組みには世の中のニーズがあります。実際にはどういう仕組みになるか、今後の検討が待たれるところです。（その後、2021年4月21日に「民法等の一部を改正する法律」や「相続土地国庫帰属法」が成立しました。）

4 信託契約書

【設 定】
・叔父をX、叔母をA、相談者をYとする。叔父の長男がB、二男をCとする。
・契約書例はXのみの持分を信託する。

◆相関図

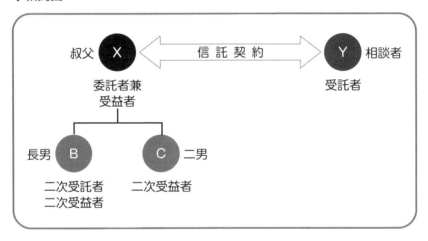

【契約書例3】

契約書例3

不動産および金融資産管理処分等信託契約書

　委託者兼受益者と受託者は、以下のとおり、信託契約を締結した。

（信託の目的）
第1条　本信託契約の目的は以下のとおりとし、これを実現するため、受託者は次条記載の信託財産の管理または処分等を行う。
（1）　受益者の財産管理の負担を低減すること。
（2）　受益者の安全かつ安心な生活・療養および福祉の確保のため支援すること。
（3）　次世代へ円滑に資産を承継すること。

（信託契約）
第2条　委託者は、前条の目的に基づき別紙信託財産目録記載の財産を受託者に信託し、受託者はこれを引き受けた（以下、本契約に基づいて設定された信託を「本信託」という）。

（信託財産）
第3条　本契約に定める信託財産は、別紙信託財産目録記載の不動産および金銭とする。
2　前項の信託財産から生じる果実および換価による取得財産は、信託財産に帰属する。

（信託財産の追加）
第4条　委託者は、本信託の目的を達するため、受託者の同
　　意を得て財産を追加信託できる。

（委託者）
第5条　本信託の委託者は次の者である。
　　　　住　　所
　　　　氏　名　Ｘ（叔父）
　　　　生年月日

（受託者）
第6条　本件信託の当初受託者は、次の者である。
　　　　住　　所
　　　　氏　名　Ｙ（相談者）
　　　　生年月日
２　前項の当初受託者が死亡するなど任務終了事由が発生し
　　た場合には、次の者を後継受託者とする。
　　　　住　　所
　　　　氏　名　Ｂ（叔父の長男）
　　　　生年月日

（信託財産の引渡しおよび分別管理）
第7条　受託者は信託財産に属する財産と固有財産とを以下
　　の各号に定める方法により、分別管理しなければならな
　　い。
　　（1）　不 動 産
　　　　ア　信託不動産の持分は、本信託開始日に、受託者に
　　　　　　移転する。

　　　　イ　委託者および受託者は、本契約後直ちに、信託不
　　　　　動産について本信託を原因とする持分移転の登記
　　　　　申請を行う。
　　　　ウ　受託者は、前項の登記申請と同時に信託の登記の
　　　　　申請を行う。
　　　　エ　イ、ウの登記費用は、受託者が信託財産から支出
　　　　　する。
　（2）　金融資産
　　　　ア　委託者は、本契約後速やかに信託金融資産を受託
　　　　　者に引き渡す。
　　　　イ　受託者は、信託金融資産を受託者名義の信託専用
　　　　　口座で分別管理する。
（信託財産の管理・運用・処分の方法）
第8条　受託者は、本信託の目的を達成するために、以下の
　信託事務を行う。
　（1）　信託不動産を管理し、当初受益者の生活の本拠地と
　　　して使用させる。
　（2）　相当と認めるときに、信託不動産の修繕、換価処分
　　　を行う。
　（3）　信託財産に属する金銭および預金を管理し、受益者
　　　の生活費、医療費および介護費用等に充てるため支出
　　　する。
　（4）　その他、本信託の目的を達成するために必要な事務
　　　を行う。

（委　託）
第9条　受託者は、信託事務の一部につき、専門能力を有す
　る第三者に委託することができる。

契約書例3

（受託者の義務）

第10条　受託者は、自己の財産に対するのと同一の注意を
もって信託事務の処理その他の行為を行い、かつ本信託契
約の本旨に従い、受益者の利益のために忠実に信託事務を
処理する。

2　受託者は、受託者の責めに帰すべき事由による場合を除
き、本信託期間中、信託不動産について生じた瑕疵や、瑕
疵があることが原因で受益者に生じた損害等について責任
を負わない。

（信託費用の償還）

第11条　受託者は、信託財産から信託事務処理に係る費用の
償還を受けることができる。

2　受託者は、受益者から信託事務処理に係る費用の償還ま
たは前払いを受けることができる。

（受益者）

第12条　本件信託の当初受益者は、委託者Ｘである。

2　受益者が死亡した場合には、本件信託の受益権は消滅
し、次の者が新たに受益権を取得し、受益者となる。

（1）　Ｘの長男Ｂ（生年月日）および二男Ｃ（生年月日）
を受益者とし、受益権の割合は各2分の1とする。

（2）　Ｂが死亡した場合は、Ｂの子○（生年月日）を受益
者とする。

（3）　Ｃが死亡した場合は、Ｃの子○（生年月日）を受益
者とする。

（受益権）

第13条　受益者は、受益権として以下の内容の権利を有する。

（1）　信託不動産を生活の本拠として使用する権利

（2）　前号の信託不動産が処分された場合は、その対価から給付を受ける権利

（3）　信託財産に属する金融資産から給付を受ける権利

（受益権の処分）

第14条　受益者は、受益権の譲渡または質入れその他の処分をすることができない。

（委託者の地位）

第15条　委託者が死亡したときは、委託者の地位は相続人に承継されず、受益者の地位とともに移転する。

（信託の計算および報告）

第16条　信託財産に関する計算期間は、毎年1月1日から12月31日までとし、計算期間の末日を計算期日とする。ただし、第1期の計算期間は、本信託契約締結の日からその年の12月31日までとし、最終の計算期間は、直前の計算期日の翌日から信託終了日までとする。

2　受託者は、各計算期間中の信託財産に関する帳簿等を作成するとともに、各計算期日における信託財産目録および収支報告書を作成する。

3　受託者は、各計算期日の経過後1カ月以内に、前項により作成した書面または電磁記録を受益者に報告する。

契約書例3

（信託の変更・協議による終了）
第17条　受益者と受託者の同意により、本信託の目的に反しない範囲で本信託の内容を変更し、または将来に向かって終了することができる。

（信託の期間、終了）
第18条　本件信託は、次の各号に定める場合に終了する。
　（１）　Ｘが死亡したとき。ただし、Ｘが死亡した時点で本件信託不動産が換価処分されていない場合は、本件信託不動産が換価処分されたとき。
　（２）　本件信託財産が消滅したとき。

（清算事務）
第19条　清算受託者は、本件信託終了時の受託者とする
２　清算受託者は、信託財産に属する債権の取立ておよび信託財産に係る債務を弁済し、残余財産を次条に定める帰属権利者に引き渡す。
３　清算受託者は、前項の清算事務につき、信託財産状況報告書を作成し、帰属権利者に交付する。

（帰属権利者）
第20条　本件信託が終了したときの帰属権利者は、信託終了時の受益者とする。

（契約に定めのない事項）
第21条　本契約に定めのない事項については、受益者と受託者が本信託の本旨および信託法の規定に則り誠実に協議し決定する。

信 託 財 産 目 録

1　土地　　所　　在
　　　　　　地　　番
　　　　　　地　　目
　　　　　　地　　積
　　　　　　持　　分　　3分の1

2　建物　　所　　在
　　　　　　家屋番号
　　　　　　種　　類
　　　　　　構　　造
　　　　　　床 面 積
　　　　　　持　　分　　3分の1

3　金銭　　金○○万円

契約書例3

5 法務・税務の観点からのコンメンタール

　今回は、Xの持分のみの話で契約書を示していますが、実際には、これだけでは不十分です。共有解消信託においては、すべての持分が一本化されて初めて意味を持つことから、全体を考えないといけません。

○　前文について
◎◎ 法務

　信託の契約当事者は、委託者と受託者となり、受益者は当事者とはならないのが一般的です。

○　第1条（信託の目的）
◎◎ 法務

　第1号で「受益者の財産管理の負担を軽減」とありますが、自益信託（委託者＝受益者）であるため実際に問題は生じないと考えられるものの、信託はあくまで「委託者」の財産管理の負担を軽減するものである点で委託者としたほうが良いと思います。受益者は恩恵を受ける人です。

　第3号の「次世代へ円滑に資産を承継すること」という内容が少し抽象的なので、もう少し具体的に記載をするほうが後々のトラブル防止には有用と思われます。

　信託において目的は重要です。その目的というのは当然のことながら、相談者ごとに異なります。それにもかかわらず、決まりきった表現を流用するというのはあまり望ましいものではありません。

　なお、信託目的の重要性については、**事例1**で詳しく解説していますので、そちらも参照してください。

○　第3条（信託財産）

◎◎法務

　信託財産を「金銭」としている点は良いのですが、第7条の記載との関係で表現を統一しておいたほうが良いでしょう。

○　第6条（受託者）

◎◎法務

　今回、仮に相談者Ｙが死亡した場合、受託者は長男Ｂになります。そうすると叔父Ｘの持分についてはいいのですが、その他の持分についての対応も考えておかないといけません。具体的には、Ｙの持分をどうするか、叔母Ａの持分をどうするか、というところをしっかりフォローしておかなければなりません。今回の場合、Ｙの持分は所有者としての立場があるため信託しておらず（自己信託もしていない）、Ｙの財産である土地の持分は当然、相続の流れにより帰属が決まってきます。

　共有対策の信託は、所有名義（所有者、受託者）が一人になっていることに意味が生じるので、当事者が死亡した場合に、その目的を本当に果たせるのか、そのような仕組みになっているかについて検討をする必要があります。

　そういう意味では、信託設定当初からＸ、Ｙ、Ａの不動産をＢ等に信託をするという仕組みのほうが良いかもしれない場合もあると思います。

　信託というのは自由設計な仕組みですので、このあたりは家族の事情により検討する必要があります。

　また、少し前でも触れたように、Ｘの財産だけを信託していたとすると、その後にＡが判断能力を喪失すると、後見人を選任しない限り不動産の処分ができなくなります。

　第2項で「死亡するなど任務終了事由が発生した場合」について、もう少し任務終了事由を列挙して記載しておくほうが、契約書

としてはわかりやすいと思われます。

> 2　次の場合には、当初受託者の任務が終了し、新たな受託者
> として下記の者を指定する。
> （1）　受託者が信託法第56条第1項各号に掲げる事由に該
> 当したとき
> （2）　受託者につき任意後見監督人選任の審判がなされたと
> き
> 　住　所　・・・・・
> 　氏　名　甲野太郎

　なお、2019年6月7日に成立した「成年被後見人等の権利の制限
に係る措置の適正化等を図るための関係法律の整備に関する法律」
によって、信託法も改正され、受託者に後見開始等がなされた場合
も、信託行為に別段の定めをすることによって受託者の任務終了事
由としないことができるようになりました。

○　第7条（信託財産の引渡しおよび分別管理）

○○ 法務

　第3条の解説でも言及しましたが、第3条では信託金銭となって
いるのに、こちらでは「金融資産」「信託金融資産」という表現に
なっています。

　「金融資産」というのは人によって捉え方が異なる概念になりま
す。ある人は、「これは当然金銭のことだ」といいますし、他方で
「投資信託等有価証券も含む概念だ」という人もいます。

　このように二義を許す表現は可能な限り避けたほうがよいです
し、そもそも使う必要がありません。もし使うとしても、あえて定
義規定まで置くかどうかというところは判断が分かれるところにな
りますが、金融資産が何を指すのかが誤解が生じないような使い方

が必要だと思います。

○　第10条（受託者の義務）

◎◎ 法務

　本契約書では、受託者の管理義務を「自己の財産に対するのと同一の注意」にしています。信託法29条2項では受託者は原則として善管注意義務を負うとしつつ、「信託行為に別段の定めがあるときは、その定めるところによる注意をもって、これをするものとする」としており、その注意義務の軽減を認めています（ただし、義務の免除は不可としています）。

　家族信託においては、家族の財産をどう守り、引き継いでいくか、という「家族」の話になることが多いことから、他人の財産を預かったときの原則である善管注意義務にこだわる必要はなく、ケースによっては自己の財産に対するのと同一の注意義務にすることはあり得ると思います（外国では後者の義務のほうが重い、という考えの国もあるようです）。

　ちなみに、第2項では瑕疵担保の定めがあります。

　これも家族の中での話合いで担保責任を追及する、しないの話にならない場合にはあえて規定をしないという方法も考えられます。この条項を入れた契約書を作ることも多いですが、依頼者に説明するときになかなかしっくりこないこともままあります。

○　第12条（受益者）

◎◎ 法務　　**◎◎ 税務**

　本契約書では、第18条にあるとおり、委託者兼当初受益者が死亡したことをもって直ちに信託が終わらない設計にしていることと相まって、受益者を連続させています（受益者連続型信託。信91）。

　もっとも、そもそも今回の場合、備えなければならないリスクとしては、共有者の判断能力喪失に伴う財産凍結リスクであることか

らすると、基本的には受益者連続をする必要はないのかもしれません（この事例では承継を決めたいという話は出てきていません）。

受益者連続について、相続税の債務控除の観点からは専門家の間で注目されていますが、過去の判例等からみて負担付き遺贈と比較すると、ケースによっては負担付き遺贈は一度の課税で済みますが、それに対し家族信託は相続税の課税が受益者が変更される都度行われるため、取り回し的に相続税の観点からは使いにくくなっているといえます。

まだ不明瞭な点もあることから、筆者はあまり積極的には使っていません。信託というのはおよそ100年先まで決めることができると言われていますが、果たして今の時点でそのような長期的な期間を縛るのが適切かどうかというのを考える必要があります。

今から遡ること100年前は第一次世界大戦が終わった頃になりますが、その時に今の時代の不動産の管理の方法を決めることができたか、決めるのが適切だったかというと、決めることはできなかったでしょうし、決めるべきではないことがほとんどだっただろうと思います。100年後はどんな世界になっているのか、予想はできません。

家族信託の可能性という観点からすると、受益者連続を活用したくなるケースがありますが、一代限りの認知症対策の信託をしっかり活用することで課題が解決できるのであれば、次の代のことは次の代で決める、という考えになってくるのではないかと思います。

○ 信託監督人（条文なし）

◎◎ 法務

今回の契約では信託監督人を置いていません。

一般的には不動産の勝手な処分を予防するために信託監督人を置くケースなどもままありますが、今回は共有不動産の管理を集約してしっかり活用等をしていくということが目的であるため、信託監

督人は置かないスキームとなっています。

○　第17条（信託の変更等）

○○ 法務

「信託の協議による終了」を入れていますが、これは第18条で整理するほうが良いでしょう。というのも、終了原因が第18条を見たらわかるほうが明確だからです。

信託契約書を見るときに、どうしてそこにこの条文があるのか、予想外な流れになっているものが散見されます。内容を確認するにあたって、このような予想外の流れになっていると多くの場合、漏れが生じていたり、誤りがあったりします。

契約書の作り方は一様ではありませんが、一定の体系を自ら持ちながら作っていくのが重要です（このことは契約書全般にあてはまるところです）。

○　第18条（信託の期間、終了）

○○ 法務

第1号で叔父が死亡したとしても直ちに信託終了としていないところが、この契約書の工夫された点ですが、少し複雑になってしまっているため、「受益者および受託者が合意したとき」などとするほうがよいかもしれません。

今の規定ぶりですと、信託終了事由を信託不動産の換価処分時にした場合、不動産の売却ができないと契約が終了できなくなってしまいます。

6　補足：共有解消信託の実務上の留意点

　共有を解消するために信託を設定する場合の留意点として、次のことがあげられます。例えば、A、B、Cの共有名義の不動産を信託契約でAに一本化する場合、一見すると

委託者　A、B、C

受託者　A

受益者　A、B、C

とするのが良さそうに思いますが、その形では問題となる可能性があります。なぜなら、Aが自分の持分を自分に信託をするときには、「自己信託」になることから、信託契約とは別の形式によることになるため、単純に一本の契約書で整理することができないからです。

　そして、本文でも取り上げたように、Aは持分について自己所有していれば、その自己所有部分と信託された受託者としての持分を合計して単独所有になれば、それだけで不動産の処分を単独で決められるので、自己信託をする必要があるのかというところなどもしっかりと考える必要があります。

　なお、このテーマに関し、平成30年12月18日付で出された法務省民事局民事第二課長通知においては、共有者全員持分全部移転および信託による登記によることが相当であるとの見解が示されています。

9　信託監督人の活用

　家族信託は、受託者が財産の管理をすることで、円滑な財産管理および財産承継を叶える方法で、非常に自由度が高いものです。

　信託法26条においても「受託者は、信託財産に属する財産の管理又は処分及びその他の信託の目的の達成のために必要な行為をする権限を有する。ただし、信託行為によりその権限に制限を加えることを妨げない」としており、信託契約の中で制限を加えない限り、基本的には受託者が全面的な財産管理・処分権を有することを前提とした法制度となっています。

　この受託者の広範な権限というのは、適切に使われる限りにおいては非常に便利なもので、加齢に伴い判断能力が衰えた人に代わって、その方の判断能力の有無にかかわらず、その子どもが受託者という立場で、単独で法律行為を行うことができます。もっとも、その裏返しとして、受託者の権限濫用の危険性を秘めているということがいえます。

　信託で財産管理を任せるということは、当該財産をあげてもいいくらいのつもりで任せるべきで、「この人に任せたら使い込むかも」「勝手に処分するかも」という思いが少しでもある場合、そもそも家族信託を使うべきではないと考えますし、依頼者への説明やセミナーなどでもそういう話をしています。

　話しを戻します。受託者が適正に信託された内容を行っているかというのをチェックする立場として「信託監督人」があります。

　信託監督人の使い方としては

- 信託された不動産を処分するときに信託監督人の同意を必要とするなど、一定の行為の同意権者として設定する方法
- 受託者の業務報告を受ける立場として設定する方法

など様々です。

　信託監督人を置くかどうか、そして置いた場合にどういう形で監督するかは、依頼者としっかりと話し合ったうえで決める必要があります。

　また、信託監督人というと、受託者の不正防止というイメージが強いのですが、それだけではなく、受託者をサポートして信託を適正に運営していくという役割も期待されています。

　家族信託においては、家族など専門家以外の人が受託者になるケースが多いため、単独で受託者としての役割を果たしていくことはなかなか難しいものです。そんな中、信託監督人として専任されるのは士業専門家になると思いますが、その専門家がサポートすることで、必要な手続きをスムーズに行えるようになることも必要なことだと思います。

事業承継対策（株式信託）

1 事例の概要

　自社株の80％を有する男性（80歳）からの相談です。

　今回、相談者が株式を有している会社は、建設業を営む会社で、公共事業の実績などもあり、業績も順調です。

　相談者は会長職にあり、たまに会社に行っていますが、実際の経営は代表取締役社長で息子の長男に任せています。

　家族構成としては、妻（75歳）、社長である長男（50歳）、長女（48歳）、二男（45歳）の5人家族です。

　株主の構成は、会長800株、社長200株となっています。

　以前から、株式の引継ぎをどうするかが悩みの種でした。少し前までは会長がすべての株式を持っていましたが、自身への退職金支給で株価を下げた後、200株ほど社長に渡したところです。

　しかしながら、1株あたりの価格が20万円とまだまだ高いため、会長から社長への株式の譲渡や贈与ができないまま、現在に至っています。

◆関係図

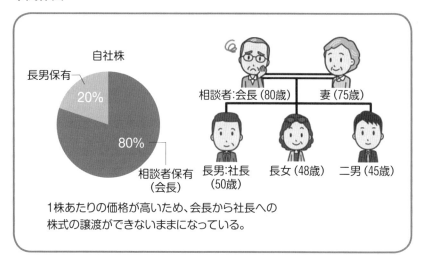

【相談内容】

　近頃、相談者は加齢に伴い、物忘れが増えてきていると自覚しています。また、家の中で転倒して骨折してしまったこともあり（幸い軽症で済みましたが）、いつか認知症になってしまうのではと不安に感じています。

　相談者の周りで、会社の元経営者が急に寝たきりになってしまい周囲が困ってしまったという話を聞くことも増えてきて、自分のことも心配になってきました。将来、認知症になったり、その他大きな病気を患って寝たきりになってしまったりして判断能力を失った結果、株式の移転や議決権の行使ができなくなることが起きやしないか…。

　このように相談者は、自身が判断能力を失ってしまうと、会社の経営に支障が生じてしまうのではないかと心配し、あわせて、自らに相続が発生した場合、会社の株式が共有になってしまうことで問題が生じないか危惧しています。

2　対応方法

　上記のような相談が来た場合の対応としては、次のような方法が
考えられます。

① 遺言により株式は長男に相続させる

　一番オーソドックスな方法です。遺言で財産の分散を防止でき
ます。

② 特例事業承継税制の活用の検討

　平成30年度事業承継税制の改正により、活用しやすくなった仕
組みを使って、円滑な承継を目指します。

③ 株式信託の活用

　これまで取り上げてきた家族信託という手法を株式に活用する
「株式信託」という方法によって、円滑・柔軟な自社株の管理・
承継を目指します。

④ その他

　後ほど触れますが、中小企業の場合には、会社の承継の問題と
相まって、個人資産の承継の問題も出てきます。本件のような
ケースでは、会長の個人資産をどう承継するか、というのも同時
に考えなければなりません。

3　今回のケースで取るべき手法および留意点

（1）前　提

　今回のケースは、**事例3**（共有不動産の解消）とは異なり、遺留分の問題が生じます。つまり、単純に遺言で長男に全部相続、としていた場合にも、遺留分を主張することができる他の相続人との間でトラブルになる危険性があります。

　また、そのようなトラブルを予防するために仮に生前に贈与をすると、多額の贈与税が発生することが想定されます（しかも、この贈与が遺留分の対象となってしまうこともあるので注意が必要です）。なお、特例事業承継税制については後述します。

（2）遺言による対応

　「全財産を長男に」とすれば一見丸く収まりそうですが、そう簡単にはいきません。前述したとおり、遺留分の問題が生じます。本件のように、自社株を有している場合、その自社株というのが結構大きな金額になります。本事例のように、1株あたりが何十万もしてしまうこともままあります。株価に株式数をかけた金額が相続財産になるため、他に預貯金や現金などがない場合、遺留分の問題を生じやすくなります。

　とりわけ、母親に成年後見人がついているようなケースでは後見人の職務として、遺留分侵害額請求権を行使しなければならないとされていることから、財産が分散されやすくなる点も注意が必要です。

　また遺言は、遺言者の死亡の時からその効力を生ずるとされていることから（民985①）、裏を返せば相続が発生するその時まで遺言には法的拘束力は生じないことになります。

　遺言による対応をした場合に想定されるリスクとして、次のことがあげられます。

①　認知症リスク

　認知症になって判断能力を失うなどした場合、財産を有する人は自らの意思で財産の移転、管理をすることができなくなります。そのような事態が生じたとしても問題ないケースであればよいのですが、今回のように会社の経営が関係する場合には、認知症による議決権行使の凍結があると経営上多大なリスクになります。

　また、M＆Aなどの良い話が来た場合に、手続きを進めるにあたって法律上必要となる株主総会決議をすることができないという事態が生じ得ます。これまでM＆Aなどの話は大会社のみの話と考えられていましたが、最近では中小企業においてもM＆Aの問題が多くなってきました。せっかくのチャンスも議決権の行使ができないことから、話が流れてしまうようなことも起こり得るのです。

　他にも、銀行から融資を受けるような場合があります。最近、コンプライアンスが叫ばれる中、銀行側としても会社との取引を行うにあたって、多額の借入れの場合には株主総会が適切に開かれていることなどをチェックするようです。

　そのようなときに、大株主たる立場の人が認知症になって判断能力を失ってしまっているような場合には、融資取引ができないリスクがあります。

　このように、遺言で後継者に株式を渡すことを予定していたとしても、相続発生前の認知症リスクを避けることができず、経営に支障が生じてしまうようなことがあり得ます。

② 遺留分リスク（遺留分侵害額請求リスク）

すでに述べてきましたが、株価が高い場合には、予想外に遺留分の問題を誘発してしまうことがあります。

改正前民法においては、遺留分減殺請求がされると、株式が準共有になってしまい、経営に支障が生じるおそれがありました。

今回の相続法改正によって、遺留分減殺請求が遺留分侵害額請求に変わったことによって、準共有となるリスクはなくなりましたが、遺留分侵害額請求をされるとそれ相応の金銭を用意しないといけないという問題は残ります。

以上のように、遺言を作成して、株式の承継を決めていた場合にも、①および②のリスクが残ります。

（2）遺留分の放棄

遺留分には相続発生前に放棄できる仕組みがあります（民1049）。

「相続の放棄は生前にはできない」ということは、一般的に知られていますが、この遺留分の放棄の仕組みまではあまり知られていません。

●民法1049条

（遺留分の放棄）
第1049条　相続の開始前における遺留分の放棄は、家庭裁判所の許可を受けたときに限り、その効力を生ずる。
2　共同相続人の一人がした遺留分の放棄は、他の各共同相続人の遺留分に影響を及ぼさない。

相続放棄の申出が毎年20万件近く出されているのに対し、遺留分の放棄は年間1,200件ちょっとしか出されていません。この遺留分の放棄は、遺留分権利者が真に自らの意思で権利を放棄する場合で、その意思に合理性があるような場合には決して認められないも

10　遺留分についての民法特例（固定合意・除外合意）

　皆さんは、遺留分に関する民法の特例があるのをご存知でしょうか。

　「中小企業における経営の承継の円滑化に関する法律」（平成20年法律第33号）という法律があり、その中で遺留分に関する民法の定めの特例を設けています。

　この法律においては、民法の規定と異なる2つの合意を求めています。「除外合意」と「固定合意」です。

　「除外合意」とは、後継者が元の代表者から自社株の贈与等を受けた場合、その価額を遺留分の算定基礎財産から除外するというものです。

　「固定合意」とは、後継者が元の代表者から自社株の贈与等を受けた場合、その価額を合意時の価額に固定する合意のことをいいます。

　前者はイメージしやすいかと思いますので、後者を簡単に説明すると、業績が順調な会社においては、株式の価額にそれが反映されると株価が上がります。そして、株価が高いと遺留分も増え承継が難しくなるという問題があります。株価対策ということで株価を下げる取組みが行われることもありますが、これは会社の資産を傷つけてしまう可能性もあります。

　そこで、あらかじめ株価を「固定」することで、その後に業績が上がっても株価が上がらないようにすることで、円滑な承継を果たそうというものです。今は自己信託でも同様のことがなされるケースがあります。

　もっとも、この固定合意、除外合意とも利用は伸び悩んでいます。その理由としては、手続きの煩雑さなどがあるようです。

　使い勝手の良い仕組みになってもっと活用されると良いと思います。

のではありません。

　本事例のように、経営に携わっていない長女らが協力をしてくれるような場合、つまり父親が将来の相続争いが起きることを心配している場合で、子どもたちがそれを払拭したいという気持ちを持っているようなケースでは十分活用できます。

　もちろん、無理やり放棄をさせるような場合は論外ですが、そうでない場合にはこの仕組みの活用がもっとなされてもいいのではないかと思っています。

（3）株式信託による対応

①　株式信託の活用

　今回のケースでは相談者が委託者、長男が受託者、受益者は相談者とする家族信託（自益信託）を組むことで、株式の権利行使を行うことができる人を受託者たる長男にすることができます。

　受託者に信託財産（本件では株式）の管理を任せますが、利益は従来どおり委託者たる当初受益者がもらう形で信託を組むことから、経済的価値の移動がないため、贈与税の問題は生じません。この株式信託のメリットとしては、株価が高いかどうかということを考えずに取り入れることができる柔軟性を持っている点があります。

　法的に正確な表現になっていない面がありますが、株式信託という手法を使うことによって、議決権を後継者に円滑に渡すことができます。その結果、認知症等に伴う判断能力低下に起因する経営リスクを避けることができます。

　今回のケースでは、株式信託を組むことで、相談者が心配している点にしっかりと対応することができます。

②　株式信託の根拠法

　通常の家族信託といえば、金銭や不動産を対象とするため、考慮すべき法律が主として信託法と民法になります。一方で、株式信託にあたっては、主として信託法と会社法に注意しなければなりません。会社法154条の2に定めがありますので、ご確認ください。

　このように、同じ信託といっても、根拠となる法律が異なることから、契約書の形も異なります。不動産の信託契約書をそのまま株式に変えても正しい契約書とはなりませんので注意しましょう。

③　株式信託の主な留意点

ア　譲渡制限がある場合には株主総会や取締役会の議決を得る必要がある

　株式の譲渡は原則として自由（会127）ですが、中小企業の株式の場合には多くの割合で、譲渡制限が付いています。その譲渡制限の内容は、「本会社の株式を譲渡するには、株主総会（または取締役会）の承認を得なければならない」などと定められています。

　株式を信託する場合も所有権が移転することから、譲渡承認を得なければなりません。この点が不動産などとの違いで、注意しないといけない点です。

イ　株券発行会社となっている場合には定款変更等が必要なこともある

　現在の会社法では、株券の発行は例外的な形になっていますが、以前の法律では、株式会社においては株券を発行するのが原則であったため、現在でも株券発行会社は多くあります。株券が発行されているか否かによって、信託のやり方が異なって

きますので、定款がどのような定めになっているかについては注意しないといけません。

　また、定款上株券発行会社となっていても実際には発行していないケースがままあり、その場合には定款変更をする必要があります。

ウ　信託後には、株主名簿の書換えが必要となる

　株式を信託したことを明らかにするために、株主名簿にその旨を記載しなければなりません（会154の2）。言うなれば、不動産を信託した時に登記するのと同じ理屈です。

4　税務面での留意点

（1）事業承継における税制上の留意点

　株式信託を使うと、現行の税制上では事業承継税制が使えません。つまり、株式信託と事業承継税制は併用できないのです。

　もっとも、時点をずらす使い方をすることで併用する道も議論されていますので、株式信託をしたら即座に事業承継税制は使えないと回答するのが正しいかは、しっかりと確認する必要があります。

（2）個人資産に対する相続税への対応

　中小企業における事業承継の際に、必ず検討しなければならないテーマとして、個人資産の相続税についての検討があります。会社の経営者の場合に注意しないといけないケースとしては、会社の資産を減らすことで株価を下げて事業承継を目指すような場合が考えられます。会社の株価対策として、高額な退職金を支払う場合、その反面、今度は個人資産が増加し、結果的に相続税に跳ね返ってくることがあるのです。

　個人の資産と会社の資産がリンクするような場合には、個人の資産のバランスにも考慮し、相続税対策としての財産の組換えや生前贈与等の検討を行うなど、法人と個人の双方への目配せが必要です。

　逆に法人の承継さえ問題なく進めることができるのであれば、法人に個人の資産を保有させていき、個人の相続税を減少させるという手段も検討することができます。

　また、株価対策や相続税対策の各場面で、退職金の原資や納税資金を準備するための生命保険の活用も考えられます。

5　登記面での留意点

　今回のケースで出てくる登記はありませんが、日々、会社の登記をしている司法書士は、会社から様々な相談を受けることがあると思います。その中には、問題解決方法の1つとして株式信託が適している場合もあるため、仕組みの概要は知っておく必要があります。

　また、商業登記をする際の株主リストの作成にあたって、株式信託をしている場合の書き方をどうするかなど、内容を留意する必要があります。

6　その他の実務上の問題点

(1) ヒアリングの注意点

　株式信託においては、そもそも株主たる相談者が何を叶えたいか、何に備えたいか、という相談者の意向をしっかりと確認する必

要があります。認知症対策＝株式信託、という提案をしているのを見ますが、そもそも対策をしなくていい場合もあり得ます。

（2）公正証書の作成

　信託は公正証書でというのが原則だといわれていますが、その理由の一つには、公正証書がないと信託口口座の開設を認めないという金融機関があるからです。株式信託においては、後述のとおり信託口口座を開設する必要があるかどうかを考えたうえで、相続争いが起きない場合には、私署証書で作るというのも一つの方法として考えられるところです。ただし、後々に判断能力が争われることもあるので注意が必要です。

（3）信託口口座の開設

　金銭の管理が生じる信託とは異なり、配当がない株式の場合、信託口口座による金銭の管理がなくても問題ないこともあります。そのような場合には、信託口口座の開設を求めないということも考えられます。

　もっとも、可能であれば公正証書を作成して、相続争いを起きにくくしつつ、信託口口座を開設しておくのが望ましいでしょう。

7　信託契約書

　上記の事例をもとに信託契約書例を検討してみます。

【設　定】
委託者：Ｘ（会長、父）
受託者：Ｙ（社長、長男）
　妻：Ａ　、長女：Ｂ　、二男：Ｃ

【契約書例4】

株式管理承継信託契約書

　委託者X（以下、「委託者」という）と受託者Y（以下、「受託者」という）は、下記のとおり信託契約（以下、「本信託」という）を締結する。

（信託の目的）
第1条　委託者は、別紙株式目録記載の株式（以下、「本件株式」という）について、相続等による株式の分散を防止し、経営の安定のため管理し円滑に後継者に承継させることを目的として信託し、受託者はこれを引き受けるものとする。

（当初受益者）
第2条　当初受益者は、委託者であるXとする。

（信託財産）
第3条　本信託における信託財産は、本件株式とする。
2　委託者は、受託者の承諾を得てZ建設株式会社の株式を追加して信託することができる。
3　本信託締結時より、本件株式は受託者に移転する。
4　委託者および受託者は、共同して本件株式の株主名簿の書換手続その他会社法の定めるところにより必要となる手続きを行う。

（受益権証券の不発行）
第4条　本信託に基づく受益権について、受益権証券は発行

しないものとする。

（議決権行使の指図権者）
第5条　本件株式の議決権の行使は、委託者Xが指図権者と
　　して受託者に指図する。
2　本件株式の売買、贈与、質権等の担保権設定等の処分行
　　為については委託者Xの指図を要する。
3　前項の規定にかかわらず、委託者に次の各号に定める事
　　由が生じたときは、受託者は本件株式の議決権の行使およ
　　び売買、贈与、質権等の担保権設定等の処分行為をするこ
　　とができる。
　（1）　委託者Xに後見、保佐、補助の審判または任意後見
　　　　監督人選任の審判がなされた場合
　（2）　前号のほか、委託者Xが指図権の行使を行うことが
　　　　できない場合（受託者から委託者に対して指図権の行
　　　　使を求めたにもかかわらず、直ちに指図権の行使がな
　　　　い場合も含む）

（信託財産の管理）
第6条　受託者は、信託設定日以降、本件株式の株券の交付
　　を受け管理するものとする。ただし、株券を発行している
　　会社の株式の場合に限る。
2　受託者は、株式配当金を受託者名義の信託口口座を作成
　　したうえで、当該口座に入出金して管理する。ただし、金
　　融機関が受託者名義の信託口口座の作成に応じないときは
　　この限りでない。
3　受託者は、信託設定日以降、本件株式を自己の固有財産
　　と分別して管理するものとする。

（受託者の任務）

第7条　受託者は、本信託に従い、善良なる管理者の注意を
　　もって、受益者に対して、忠実に信託事務を遂行するもの
　　とし、善管注意義務を履行する限り、責任は負わないもの
　　とする。

2　受託者は、議決権を行使するにあたり委託者の協議がな
　　い場合、もしくは指図が法令に抵触する場合、指図権者の
　　指図に従わなくても責任は負わないものとする。

3　受託者は、自らの信託事務処理の遂行にあたって第三者
　　にその事務処理を委託することができるものとする。

（信託事務処理に必要な費用と受託者報酬）

第8条　株券の保管のための費用、議決権行使に係る書類の
　　作成・保存・管理の費用、受益者への株式配当金の分配手
　　続に係る費用その他信託事務処理に必要な費用は、信託財
　　産の負担とし、受託者は信託財産に属する金銭からの支弁
　　で不足を生じるときは、支払いの都度またはあらかじめ委
　　託者に請求することができる。

2　受託者が信託事務を処理するにあたり過失なくして受け
　　た損害の賠償についても同様とする。

3　受託者の報酬は無報酬とする。

（信託期間）

第9条　本信託の期間は、次の各号のいずれか早い時までと
　　する。

（1）　委託者が死亡したとき

（2）　受託者が死亡したとき

（3）　信託財産が消滅したとき

契約書例4

（信託財産の計算期日および計算期間）

第10条　計算期日は12月31日とし、計算期間は毎年1月1日から12月31日までとする。ただし、本信託締結日から同年12月31日までを第1期とし、期間中の終了では1月1日から終了日までを期間とする。

2　受託者は、本信託開始と同時に、信託財産目録および会計帳簿を作成し、受益者に対して毎年12月末日および信託終了日の信託財産状況報告および信託計算書を2カ月以内に書面にて報告する。

3　受託者は、受益者から報告を求められたときは速やかに求められた事項を報告するものとする。

（残余財産の帰属権利者）

第11条　本信託の残余財産の帰属権利者は次のとおりとする。

　　（1）　第9条第1号および第3号に定める場合　　　Y

　　（2）　第9条第2号に定める場合　　　X

（清算受託者）

第12条　本信託終了時の清算受託者は、信託終了時における受託者とする。

2　清算受託者の報酬は無報酬とする。

（信託契約の解約）

第13条　本信託は、委託者および受託者が書面をもって合意する場合以外は解約することができない。

（信託契約の変更）

第14条　本信託は、委託者および受託者が書面をもって合意する場合以外は変更することができない。

（契約に定めない事項）

第15条　本信託に定めのない事項については、委託者、受託者が本信託の目的および信託法の規定に従い誠実に協議する。

　　本信託を証するため、契約書2通作成して、委託者および受託者が各1通を保有する。

　　年　　　月　　　日

　　委託者　　（住所）

　　　　　　　（氏名）

　　受託者　　（住所）

　　　　　　　（氏名）

契約書例4

別紙

株式目録（信託財産）

本　　　　店　　広島市○区○○一丁目2番5号
商　　　　号　　Ｚ建設株式会社
発行済み株式総数　1000株（株券不発行）
Ｘ様所有分　　　　800株

8 法務・税務の観点からのコンメンタール

○ 第1条（信託の目的）

　◎◎ 法務

　この目的規定は短いものの、「相続による株式の分散防止」「経営の安定」など、なんのために信託をしているかが明確になっている点は良いと思います。

○ 第2条（当初受益者）

　◎◎ 税務

　繰り返しになりますが、家族信託においては「委託者＝受益者」の自益信託であることがほとんどです（自己信託等一部の例外あり）。税務の観点では、経済的な利益が移転しているかに着眼します。委託者＝受益者にすることで贈与税の課税を防ぐことができるため、しっかりと明記しておくことが必要です。

　また、他の論点でも記載があるように、思わぬ課税を受けないように間違っても受益者が不存在である等の法人課税信託による課税が起きないように注意する必要があります。

　委託者と受益者が異なる信託契約を組成する事例はあまりないと言いましたが、既に株価が下落しており、他益信託にして経済的な利益を移転しても贈与税の心配がない場合は検討の余地があります。

○ 第3条（信託財産）

　◎◎ 法務

　第2項で追加信託を定めています。委託者が徐々に株式の管理を渡していきたい、例えば一部を渡して様子を見ながら追加したい、という意向を持っているならともかく、そうでない場合には、あら

かじめ全部の株式を信託しておくのがベターだと思われます。なぜ
なら、体調等を崩して判断能力を失ってしまうと信託することがで
きなくなるからです。

　これまで取り扱った事例においても、あえて追加信託をしないと
いけないケースはありませんでした。もっとも、この条文があった
からといって、デメリットがあるわけでもありませんので、その点
も申し添えておきます。

◎◎ 税務

　株式信託では元本受益権と収益受益権を分けて一定のスキームを
組むことで、支払う税金が減少するといった信託受益権の複層化の
論点が一時期に注目され、一定の専門家の間で騒がれました。しか
し、その計算方法は不確定要素を含む可能性もあり、現時点では税
務上不明瞭な論点であるといえるため、今のところ積極的に活用す
る信託類型としては推奨できないと考えます。

○　第4条（受益権証券の不発行）

◎◎ 法務

　前の事例でも説明したとおり、信託において受益証券（法律上は
「受益証券」であって、「受益権証券」とはなっていません）を発行
する定めをおいて初めて受益証券発行信託となります（信185以下参
照）。必ずしも「受益証券を発行しない」という定めを置く必要は
ありません。

　しかしながら、税務の観点からは、あえて明記をしておくことで
受益証券発行信託にあたって法人課税信託となることがないことを
明瞭にするため、「受益証券を発行しない」という定めを置くこと
が望ましいと考えます。

○　第5条（議決権行使の指図権者）

◎◎法務

「指図権」という概念がよく出てくるのが株式信託の特徴です。しかし、信託法上には指図権というものは存在しません。まずはこの点に注意が必要です。

指図権について定めがあるのは、信託業法65条以下です。つまり、家族信託においては指図権というのは法律の裏付けのないものとなります。

例えば、指図権者を設定してもその指図に従わない法律行為の効力はどうなるのか、指図権者の指図が信託の目的に照らし適切でないものであった場合、受託者はそれに従わないことができるのか、など様々な論点があります。このあたりのこともしっかりと確認をしておく必要があります。なお、本契約書では、第7条2項でその点について少し配慮していますので確認してください。

○　第6条（信託財産の管理）

◎◎法務

第2項で株式配当金の定めを置いています。

株式信託における受益権の主な内容は、「配当を受ける権利」ですが、中小企業の多くは配当を行っていない実態があるようです（筆者が携わった案件はそれなりの割合で配当を行っていますが…）。もし配当を行っていない、そして今後も行う予定がないとすれば、この定めを置かないことも考えられます。

本項で、「…ただし、金融機関が受託者名義の信託口口座の作成に応じないときはこの限りでない」としていますが、この書き方だと「では、どうすればいいのか」までフォローされていません。そこで、例えば「…ただし、金融機関が受託者名義の信託口口座の開設に応じてくれない場合には、受託者固有の財産と区別した形で別口座を開設し、そこへ入出金するなどして分別管理するものとす

る」などとするのが一つのやり方かと思います。

○　第7条（受託者の任務）

◎◎ 法務

第3項において、一般的な事務処理の委託の定めを置いています。中小企業の自社株信託で何を第三者に委託することを想定してこの定めを置いたのかが気になります。

◎◎ 税務

受託者は、「信託に関する受益者別調書・合計表」や「信託の計算書・合計表」を提出する必要がありますが、一定の場合には提出不要の場合もあります。詳しくは、「受託者の提出する税務書類と受益者への報告等」の項（P.290）で説明します。

○　第9条（信託期間）について

◎◎ 法務

繰り返しになりますが、「信託期間」という定め方が適切かどうかはしっかりと考えないといけません。というのも、本信託期間が終了したらどうなるのか、ということが定められていないと法律関係が不明になるからです。

信託法では、「信託の終了」をもって信託を終わらせることになっているため、信託期間を設けるのであれば信託期間を信託の終了事由と位置付けなくてはいけませんが、この契約書ではそのことが書かれていません。

そのことによって、第9条の事由が生じたら本当に信託が終了して、清算できるのか、というところは疑問があります（不動産の場合には、果たして登記が入るのかというところも気になります）。

○　第12条（清算受託者）

◎◎ 法務

この定めは一般的なひな型によくある定めですが、例えば受託者が死亡した場合、どうやって清算をするのかが不明です。この点のフォローが必要です。

○　第13条（信託契約の解約）

◎◎ 法務

信託法に「信託の解約」という概念はありません。あえて「解約」という言葉を使うのは、おそらく解除の遡及効を意識してのことだと思いますが、そもそも信託契約において解除というのはないのが法の仕組みです（一部例外を除く）。

そうすると、このような概念を使うのではなく、「合意を信託の終了事由と定める」のが最も素直だと思います。

○　第14条（信託契約の変更）

◎◎ 法務

本契約では、委託者および受託者が書面をもって合意する場合以外、信託契約を変更できないと定めていることから、信託法の変更事由の適用を排除しています。あえて意識をして、ここまで変更事由を限定しているのであればよいのですが、この定めによると委託者が判断能力を失った後は信託の変更ができなくなります。

どういう場合に変更が必要になるかなどの想定をしっかりしたうえで条項を定めることが重要です。

○　その他（事業承継税制との関係）

　平成30年度の事業承継税制の変更に伴い、その制度の利用が活発となれば、株式信託をすることなく承継するケースも増えてくると思われます。他方で、事業承継税制を利用することなく承継を円滑にしたいという場合には、株式信託という手法も検討し得るといえます。

　最近の事例では、事業承継税制を使うと、将来における選択肢を狭めてしまうということで、株式信託など別の手法を考える会社もあります。承継に関する様々な手法の長所、短所をしっかりと理解したうえで、相談者にとって最善の方法を提示すべきでしょう。

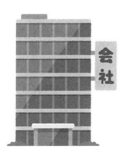

11　特例事業承継税制

【事業承継税制の概要】

　平成30年度税制改正では、喫緊の課題である中小企業の事業承継を後押しするために、従来からの事業承継税制の要件を大幅に緩和した10年間限定の「特例措置」（以下、「特例事業承継税制」という）が新たに創設されました。あわせて、従来からの事業承継税制である「一般措置」（以下、「一般事業承継税制」という）に関しても一部改正が行われています。

　特例事業承継税制では、一般事業承継税制の活用の1つの足枷となっていた雇用確保要件が、5年間平均で80％雇用維持の要件が満たせなくなった場合も一定の手続きで納税猶予の打切りを回避できるようになり、事実上撤廃されることとなりました。

　そして、自社株式のすべてについて事業承継税制の対象とする、納税猶予の適用を受けている場合の一定の要件を満たす自主廃業の際の納税猶予額の減免などは、自社株式に係る相続税・贈与税の課税の悩みを抱えていた経営者の事業承継問題を解決する大きな後押しになりました。

　特例事業承継税制の適用を受ける場合には、令和5（2023）年3月31日までに「特例承継計画」を提出し、都道府県知事の確認を受けなければなりません。この期間限定も、ますます事業承継の流れの推進力になりそうです。

　事業承継に携わる専門家は、この活用が期待される特例事業承継税制を各事業承継案件にどのタイミングで組み込んで実務を進めるのか、また、課税問題とは別の角度の問題である純資産が膨らんだ高額の自社株式を所有する先代経営者の相続財産の遺留分問題とどう向き合って問題を解決に導くのかといった様々な角度からの検討が必要になります。

　今回の特例事業承継税制は、有効な事業承継の一手になることは間違い

ありません。しかし、課税以外の遺留分の問題や、自社株式の課税される
べき税額が100%猶予できるとはいっても、万が一猶予が打ち切りになっ
てしまった場合の対策として、特例事業承継税制の適用前に従来から活用
されている株価対策が必要であること、相続時精算課税の併用適用を検討
したりするなど、周辺の検討事項を洗い出す必要があるため、特例事業承
継税制のみを盲目的に適用して終了とはいきそうにありません。

　このような「特例事業承継税制」と、さらに本書の本題である「家族信
託」をどのように選択して事業承継を検討すべきなのかといった視点が加
わります。これらの種々の手段を各実務家の知見を駆使して活用し、事業
承継の問題を解決に導くことが求められます。

【事業承継税制の改正の背景と過去から現在までの推移】

　平成30年度の改正で注目されている事業承継税制ですが、もともと事業
承継税制は平成21年度改正で創設され、平成25年度改正で平成27年から親
族外承継の適用が可能になり、雇用8割維持要件の緩和などが行われまし
た。

　平成27年度改正で贈与税の納税猶予・免除制度の拡充が行われ、さらに
平成29年度改正で相続時精算課税制度との併用が可能になるなど、定期的
に利用促進のための見直しが行われてきました。

　ここまで改良されながら改正が行われてきた背景にはどのような現状が
あるのでしょうか。経済産業省によると、今後10年の間に、経営者の平均引
退年齢である70歳を超える経営者の人口が約245万人となり、そのうちの
約半数の127万人（日本企業全体の3分の1）が後継者未定という状況です。

　また、現在は十数年前から比べると中小企業の倒産件数と廃業件数に乖
離が生まれており、倒産件数より廃業件数が大幅に増加傾向となっていま
す。このままでは今後さらに中小企業の経営者の高齢化が進み、かつ、後

継者が未確定であることから廃業件数が増加すると予想されています。つまり、現在まで日本を支えてきた中小企業独自の技術力やノウハウ等が失われていくことと同義であるといえます。

　このような現状を打開するために、平成30年度の事業承継税制の改正は理論ベースではない実務ベースの活用を期待して行われた改正といえます。

【平成30年度事業承継税制の改正内容（特例事業承継税制）】

◆　一般事業承継税制と特例事業承継税制の対比表

	一般事業承継税制	特例事業承継税制
事前の計画策定等	不要	５年以内の特例承継計画の提出 （平成30年４月１日から 令和５年３月31日まで）
適用期限	なし	10年以内の贈与・相続等 （平成30年１月１日から 令和９年12月31日まで）
対象株数	総株式数の最大３分の２まで	全株式
納税猶予割合	贈与：100% 相続：80%	100%
承継パターン	複数の株主から１人の後継者	複数の株主から最大３人の後継者
雇用確保要件	承継後５年間 平均８割の雇用維持が必要	弾力化
事業の継続が困難な事由が生じた場合の免除	なし	あり
相続時精算課税の適用	60歳以上の者から20歳以上の推定相続人（直系卑属）・孫への贈与	60歳以上の者から20歳以上の者への贈与

（国税庁HPより）

1　一般事業承継税制と特例事業承継税制の比較

　一般事業承継税制と、特例事業承継税制の主な違いは以下になります。

　なお、本書では事業承継税制の適用の判定が主たる論点ではないため、一般事業承継税制の詳細や、特例事業承継税制の適用の詳細に関しては割愛します。

（1）対象株式

　一般事業承継税制では、相続税・贈与税ともに事業承継税制の対象となる株式は、その法人の総株主等議決権数の3分の2が限度でした。

　特例事業承継税制では、その総株主等議決権数の全部が対象になります。

（2）相続時の納税猶予の対象となる評価額

　一般事業承継税制で、相続税において納税猶予の適用対象となるのは、その適用対象となる株式等の評価額の80%相当額に対応する相続税額でした。

　特例事業承継税制では、相続税において納税猶予の適用対象となるのは、その適用対象となる株式等の評価額の100%相当額に対応する相続税額が納税猶予の対象になります。

　上記の（1）と（2）をもとに一般業承継税制と特例事業承継税制の相続税の猶予割合を比較すると、一般事業承継税制は2／3×80%＝約53%であるのに対し、特例事業承継税制は100%の猶予割合へと拡大されたことになります。

（3）雇用確保要件

　一般事業承継税制では、贈与または相続による申告期限から5年間の事業継続期間の間に、常時使用する従業員数が、5年間の平均で適用を受けた贈与または相続等の時の従業員数の80%を下回った場合には納税猶予が打ち切りとなり猶予税額の全額を納付しなければなりません。

　特例事業承継税制では、この要件が実質的に撤廃されました。これは雇用確保要件を満たさなくてよくなったということではなく、経営悪化等により雇用確保要件である5年平均で80%の雇用を確保できなかった場合

でも、都道府県にその満たさないこととなった理由および認定経営革新等支援機関の所見等が記載された報告書を提出し、その確認を受けることで対応が可能になったということです。参考までに、常時使用する従業員数の判定の基礎となる人数は、厚生年金保険や健康保険の標準報酬月額決定通知書等に記載された被保険者等の人数によります。

（4）贈与等を行う者および後継者の対象範囲

　改正前の一般事業承継税制では、相続または贈与による承継は、1人の先代経営者から1人の後継者への承継というパターンしか認められませんでした。しかし今回の改正で、一般事業承継税制についても後述する特例事業承継税制と同様に、先代経営者以外の複数の株主から贈与を受けることが認められるようになりました。

　特例事業承継税制では、一定の満たすべき条件はありますが、親族外を含む複数の株主から代表者である後継者（後継者の人数は最大3人）への承継について、納税猶予・免除制度の適用が可能となりました。株式数の要件に関しては、贈与・相続等の前に先代経営者が、また、贈与・相続等の後に後継者が、同族関係者で総株主等議決権数の50%超の株式を保有し、かつ、その同族関係者の中で筆頭株主であることなど、種々の要件を満たす必要があります。

（5）相続時精算課税制度の推定相続人等以外に対する適用範囲の拡充

　現行の相続時精算課税制度は、第三者に対する贈与に関しては適用対象とならず、60歳以上の父母や祖父母から、その推定相続人や孫への贈与が適用対象となっています。

　特例事業承継税制では、相続時精算課税の適用を受けて新事業承継税制の適用を受ける場合には、受贈者側の適用可能な対象者が推定相続人や孫以外の第三者にも広げられました。これは、相続時精算課税制度から考えると、親族外の第三者も相続時精算課税の適用を受けることができるとい

うもので、当初の制度趣旨である相続税の前払制度という考えを超えた改正となりました。

　事業承継税制による納税猶予の打切りリスクを軽減するための一つの有効な手段に、相続時精算課税の併用活用があります。これは、万が一贈与後に何らかの要因で納税猶予が打ち切られてしまい、精算課税の贈与税と猶予に伴う利子税を納付するケースがあったとしても、相続の際に贈与時の価額でみなし財産として加算され相続税額が計算され、相続税の前払いである精算課税の納付済みの贈与税額を差し引いて相続税額を納付することになるため、暦年課税と比較するとリスクを軽減できる方法になります。

　この方法を、特例事業承継税制では親族外の後継者にも精算課税を適用して利用することが可能になりましたが、その反面、将来の相続の際、トラブルになる可能性も多分にあります。例えば、将来、先代の経営者の相続が発生した際、自社株式は親族外の後継者が精算課税により取得していれば相続時精算課税適用財産として相続財産に加算されますが、自社株式以外の相続財産に関しては、通常は経営に関連性のない相続人が取得することになります。その際に、相続税に関しては親族外の後継者と、先代経営者の相続人の連名で申告・納税を行うことになります。また、親族単位での事柄に関わることになり、デリケートな部分となります。さらに、その申告の際、先代経営者の相続人からすると、自分たちが取得していない財産である自社株式を相続時精算課税適用財産として含めたところの総財産に対して相続税が超過累進税率で計算されるため、想定以上の負担感を感じる可能性もあり、特例事業承継税制を活用する際には、経営外の将来の推定相続人に対する概要説明を行うなどの配慮が望まれます。

（6）経営承継期間後の減免要件の追加

　一般事業承継税制では、経営承継期間経過後に破産等した場合には、その猶予税額が全額免除され、また、民事再生・会社更生の際には、その時

点の評価額により相続税を再計算し、事業承継時に計算された猶予税額とその再計算額を超える部分の猶予税額については免除とされていました。

特例事業承継税制では、さらに追加され、経営の悪化等の「経営環境の変化を示す一定の要件を満たす場合」に該当する場合に、特例経営承継期間の経過後に自社株式の譲渡・合併・解散等に該当するときは、その譲渡・合併の対価の額（その時点の株式の相続税評価額の50％が下限）または解散時の評価額により相続税を再計算し、事業承継時に計算された猶予税額とその再計算額を超える部分の猶予税額については免除されることとなりました。

今までの一般事業承継税制では、後継者の自主的な廃業や株式の譲渡等の際に、経営悪化等により株価が下落した場合でも、その時点の経営状況を反映した株式の評価額による税額ではなく、事業承継時の評価額による猶予されていた税額と、利子税の納税をしなければならないというリスクがありました。当時は、株価が下落して事業継続が困難な局面であっても、一般事業承継税制の適用を受けている場合には、後継者が自主的な廃業等を行うことは難しい状況であったといえますが、今回、特例事業承継税制ができたことにより経営の環境変化による自社の状況に応じた株式評価に基づいて再計算を行う仕組みにより、将来の課税リスクが抑えられ、積極的に承継が検討できるようになりました。

※　経営悪化等による株式の評価額の下落が反映され猶予税額が一部免除されるための要件である「経営環境の変化を示す一定の要件」とは、以下のいずれかに該当する場合をいいます。

①　直前の事業年度終了の日以前3年間のうち2年以上、特例認定承継会社の経常損益が赤字である場合

②　直前の事業年度終了の日以前3年間のうち2年以上、特例認定承継会社の売上高がその年の前年の売上高に比して減少している場合

③　直前の事業年度終了の日における特例認定承継会社の有利子負債の額が、その日の属する事業年度の売上高の6月分に相当する額以上である場合

④　特例認定承継会社の事業が属する業種に係る上場会社の株価（直前の事業年度終了の日以前1年間の平均）が、その前年1年間の平均より下落している場合

⑤　特例経営承継者が特例認定承継会社における経営を継続しない特段の理由がある場合

◆（参考）事業の継続が困難な事由が生じた場合の納税猶予額の免除について（特例措置）

　特例経営（贈与）承継期間の経過後に、事業の継続が困難な一定の事由が生じた場合※1に特例措置の適用に係る非上場株式等の譲渡等をした場合は、その対価の額（譲渡等の時の相続税評価額の50％に相当する金額が下限になります※2。）を基に相続（贈与）税額等を再計算し、再計算した税額と直前配当等の金額との合計額が当初の納税猶予税額を下回る場合には、その差額は免除されます（再計算した税額は納付）。

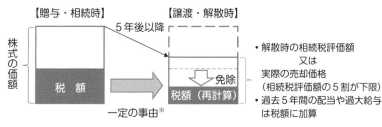

※1　①過去3年間のうち2年以上赤字などの場合、②過去3年間のうち2年以上売上減などの場合、③有利子負債≧売上の6か月分の場合、④類似業種の上場企業の株価が前年の株価を下回る場合、⑤心身の故障等により後継者による事業の継続が困難な場合（譲渡・合併のみ）。
※2　譲渡等から2年後において、譲渡等の時の雇用の半数以上が維持されている場合には、実際の対価の額に基づく税額との差額は、その時点で免除されます。

（国税庁HPより）

（7）特例の適用を受けるための特例承継計画とその提出期間

　特例事業承継税制の適用を受けるためには、平成30年4月1日から令和5（2023）年3月31日までの間で、都道府県知事に対し認定経営革新等支援機関の指導・助言の記載された「特例承継計画」を提出することが必要になります。ただし、特例承継計画を提出していなかったとしても、平成30年1月1日から令和5（2023）年3月31日までの間に先代経営者が死亡した場合には死亡後に一定の手続きを行うことで、相続税の特例事業承継税制の適用を受けることができます。また、上記の期間内であれば、贈与した後に「特例承継計画」を提出することも可能です。補足ですが、令和5（2023）年3月31日までに特例承継計画を提出しないで、令和5（2023）年4月1日以後に先代経営者が死亡した場合には特例事業承継税制は受けられませんが、要件を満たせば一般事業承継税制の適用を受けることはできます。

（8）先代経営者から贈与を受ける期間

　特例事業承継税制の適用を受けるためには、（7）の期間内の特例承継計画の提出のみではなく、実際に後継者に対しての贈与も行っていく必要があります。具体的には、現状の法律では令和9（2027）年12月31日までに自社株式を特例承継計画に記載した後継者に贈与しなければ、特例事業承継税制の適用を受けることはできません。また、（7）の期間中に特例承継計画を提出している場合に、贈与のタイミングを失ったまま令和9（2027）年12月31日までの間に先代経営者が亡くなってしまったときは、特例事業承継税制の相続税の納税猶予の適用を受けることもできます。

2　事業承継税制の総括

　事業承継税制を事業承継の1つの手段として活用する必要性を主に記載してきましたが、国税庁の調査によると2017年度62.6％に決算期を迎えた

国内企業のうち赤字企業の割合は63.5%であり、ここ数年は赤字企業の割合が減少しているようです。

　近年の景気が回復基調にあるといった報道や、このような赤字企業割合が改善されているといった情報等では中小企業を取り巻く景気が改善されてきていると感じます。しかし、外部環境の急激な変化や競争の激化、労働条件の規制強化等、中小企業の経営を取り巻く環境はいまだに楽観視できるものではなく、事業再生等の事業の改善が必要とされる場合が多くあります。

　冒頭に記載したように特例事業承継税制に期待されている効果として、日本を支えてきた中小企業の技術やノウハウの廃業による喪失の防止があります。しかし、その廃業企業の多くは、親族内や親族外の後継候補者が承継を検討することができない経営状況に追いやられていると考えられます。

　公表されている情報を参酌したとしても、3割から4割近くの企業が黒字企業ということになりますが、各年度の利益や過去から蓄積されてきた純資産をベースに自社株式の評価は行われるため、国内の全企業数のうち自社の株式評価額が相当に高くなる企業数はそう多くはないと思われます。

　実務家の業務では、前述の提出期限内に特例承継計画を提出しておいて、自社株式の株価問題の不測の事態に備えておくことが非常に重要になります。そのような中で、特例事業承継税制を含む事業承継税制は従来どおりの株価対策を行った後に、それでも自社株式の評価額が高額になる一部の中小企業を中心に活用されることになりそうです。

12　上場株式信託

　既存の書籍には、家族信託ができない財産の代表例として、農地に並んで「上場株式」があげられていました。そのため、資産の多くを有価証券（上場株式）で持っている人の場合には、
- その財産を換金して金銭として信託をする
- 資産の組替えを行って不動産などとして信託する
- 信託はあきらめて相続により承継する

という方法での承継に限られていました。

　上場株式の場合には、通常の金銭などと異なる様々なルール（例えば、特定口座など）があるため、信託の仕組みの構築が難しいということなども要因となっていました。

　ところが、最近では、上場株式を信託することができる証券会社が増えてきました。相談においても、「財産の多くは株式なので、これをそのまま子に任せたい。もちろん、運用は任せるものの得られる配当は今までどおり自分のものとしたい」というケースがあります。

　このようなニーズに応えることができるのは上場株式の信託になると思います。

　信託に限ったことではありませんが、世の中はものすごいスピードで変わっていきます。もしかしたら将来的には、株式信託と事業承継税制が併用できるようになるかもしれませんし、農地も信託できる時代が来るかもしれません。

　専門家としては常にアンテナをはって、新しい仕組みを学び続けることが必要です。

自己信託

1 事例の概要

　相談者Xは、株式会社Aの代表取締役です。今年、前代表取締役である父Yが退職するため、会社の規程に基づいて退職金6,000万円を支給することとなっています。

　会社としては、6,000万円は高額であり、資金繰りの問題もあることから、退職金の支給にあたって、会社が所有する不動産（収益物件）を現物給付することを考えています。

【相談内容】

　知り合いの司法書士に相談したところ、現物給付をしてしまうと、会社にその不動産が戻ってこない危険性がある旨を指摘されました。Xとしては、Yに一度に大きな金額を渡すのではなく、月々ある程度決まった金額を支給できたらという思いもあります。

　信託を使って、会社の有する不動産を流出させることなく、現物給付のような形をとることはできないかという相談です。

◆関係図

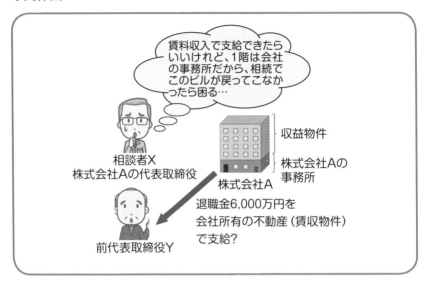

賃料収入で支給できたらいいけれど、1階は会社の事務所だから、相続でこのビルが戻ってこなかったら困る…

相談者X
株式会社Aの代表取締役

収益物件

株式会社Aの事務所

株式会社A

退職金6,000万円を
会社所有の不動産（賃収物件）
で支給?

前代表取締役Y

2　今回のケースで取るべき手法および留意点

(1) 前　提

　相談者がなぜこのようなことを考えたかというと、退職金の支給にあたって現金給付をするとなると、その現金を調達しなければならないからです。会社に蓄えてある金銭では足らず、金融機関から融資を受けなければなりません。また、一度に巨額の資金が流出するのを避けたいという思いもあります。

　他方で、現金の調達を避けるために、会社の財産である不動産を贈与や代物弁済などで渡す形にすると、その財産はYの個人財産となり、Yの相続財産となってしまいます。

　その結果、仮にYが遺言を書いていたとしても、Yに相続が発生した際の遺産分割協議によって、相続人が自由に処分できるため、

場合によっては、会社に戻ってこない危険性が生じます。

とりわけ、当該不動産が会社の主たる事務所にあたるような場所の場合には、経営に多大な支障が生じてしまいます。

今回は、収益物件であるため、主たる事務所の場合とは異なりますが、それでも将来、当該収益物件の活用等を考えていた場合には支障が生じることが想定されます。

会社としては、現物での給付をすることにより会社から現金が流出しないようにしつつ、現物で給付したものを将来的に会社に戻したいと考えたのが出発点となっています。

（2）遺言により戻す方法

もっともシンプルな方法としては、Yから遺言で当該不動産を戻してもらう方法（遺贈）があります。

ただし、この手法では、Yが何かしらの事情により、気が変わって本件不動産を第三者に売却してしまう可能性があります（遺言に抵触する生前処分をした場合、遺言は撤回したものとみなされます。民1023②参照）。

また、Yの気持ちが変わらなかったとしても、加齢等により認知症になって判断能力を失ってしまった場合には、財産を動かすことができなくなり、対応が困難になります（成年後見人をつけないと契約等はできなくなります）。

そして、遺言により無事遺贈をしてもらったとしても、相続人の中に遺留分権者がいた場合、遺留分の請求をされる可能性があります。

さらには、そもそも遺言はいつでも書き換えられるという問題もあります（公正証書で作った遺言であっても、撤回は可能です。民1022参照）。

このように、遺言によって不動産を戻すという手法には、「確実性」という点と「資産凍結リスク」があるという点において弱点が

あります。

（3）家族信託（自己信託）による対応

　家族信託は、多くの場合、契約による信託の手法によります。**事例1〜事例4**もすべて契約による信託です。また、遺言で信託をするケースもあります（信3参照）。

　信託の方法には契約、遺言のほかに、今回取り扱う「自己信託」という手法もあります。

　なお、自己信託の活用に関しては、『家族信託実務ガイド』第8号特集「自己信託の正しい考え方と活用法」（日本法令）がありますので、そちらも参考にしてください。

　さて、今回のケースにおいては、自己信託を活用することで、本件不動産について受益権を生じさせ、その受益権をYに渡すことで、退職金の支給をすることが方法として考えられます。この場合、自己信託なので、会社自体が受託者となり、財産の流出の危険性がありません。

　また、受益権としてYに渡したものは、Yが死亡した後、受益権が消滅するということになれば、遺留分の問題は生じにくいと思われます。

3　自己信託

（1）自己信託とは

　自己の財産を自らに信託する方法です（信3③）。

　自分の財産を自分に信託する、というのが少しイメージしにくいと思われますが、典型的な例としては、次の2つの場合が考えられています。

①　【その1】事業経営をしている人の利用

事業をしている人は会社の保証人等になっているケースがよくあります。事業がうまく行っているうちはよいですが、将来どうなるかはわかりません。このような場合、自己の財産を固有の財産と信託財産に切り分け、後者を一定の目的（家族のため）に利用できるようにします。

②　【その2】障がいのある子がいるケース

障がいを持った子がいる家族において、その家族をサポートするための財産をあらかじめ切り出すために自己信託を活用する方法があります。なお、すでに述べたとおり、商事信託の一つである「特定贈与信託」を使うことで、贈与税が課税されることなく、障がいを持つ子ども達に財産を渡すことができます（裏を返せば、自己信託で渡す場合には非課税とはなりませんので注意が必要です）。

（2）自己信託の留意点

自己信託にはいくつか独自のルールがあります。

まず、自己信託をするには、公正証書等によらなければならない旨が定められています（信3三、4③）。公正証書による場合以外のケースでは信託の効力発生のために手続きが必要となることから、自己信託をする場合、公正証書によるケースが多いと思われます。

他の方法（遺言、契約）の場合は公正証書化などの要式性は求められていませんが（実務上は公正証書とするケースが多いですが）、自己信託に要式性が求められている背景に、詐害行為に使われる危険性があるためとされています。

その他、信託においては信託財産への強制執行の制限などが定められていますが、自己信託においてはその制限が緩やかになってい

ます（信23）。つまり、意図的・詐害的な自己信託による資産隠しができないように法律が整備されています。

　また、委託者＝受託者＝受益者とすることが可能です。違和感があると思いますが、自己信託においては、1人の人が委託者兼受託者兼受益者となることがあり得るのです。もっとも、「受託者が受益権の全部を固有財産で有する状態が1年間継続したとき」には信託が終了するという「1年ルール」があるため（信163二）、そのまま何もしないと信託が終了してしまいます。信託を終わらせないようにするためには、1年以内に受益権の全部または一部を別の人に渡さないといけません。

　そして、重要なポイントとしては、「自己信託には認知症対策機能はない」点があげられます。これまで説明してきた認知症対策については、高齢の方が自らの子どもなどに財産の管理を託すことで認知症対策をしようというものでしたが、自己信託は、自分の財産を自らが管理することになるため、自らが認知症になり判断能力を喪失した場合、財産は凍結します。この点は注意が必要です。

（3）信託業法の定め

　自己信託については、信託業法にも定めがあり、多数者（50人以上）の受益者等が生じる場合には、信託業法の適用の問題が生じるので、この問題が生じないようにする必要があります。

　自己信託については、特殊な形態となるため、様々なルールが定められているので、利用にあたってはしっかりと確認する必要があります。

4　税務面での留意点

（1）自己信託の税務

　自己信託は、委託者＝受託者＝受益者である場合を除き、基本的には他益信託になります。よって、個人間で受益権を移転するといった信託契約を設定する場合には贈与税の課税の問題が生じます。

　また、委託者が法人であり、個人に受益権を移転する場合は、原則、個人間での信託契約の課税関係と異なり、委託者である法人側では寄付金課税などが、受益者である個人側では一時所得等が課税されます。今回のケースでは、会社内の人に対する役員退職金を想定しているため、法人側では退職金として、個人側では退職所得として取り扱うことになります。

　先に述べた認知症対策機能がない点と個人間でも贈与税課税の問題があることから、自己信託は必ずしも積極的には使われていません。これらの問題がクリアできる場合に、自己信託の活用の可能性は広がるでしょう。

（2）現物給付による退職金支給について

　退職金の支給を金銭ではなく、本事例のように不動産や保険金、車両といった現物で支給するケースも多くあります。そのような場合の退職金の法人税・消費税の課税関係はどのようになっているのかを確認します。

①　法人税の取扱い

　法人が役員に支給する退職金については、原則的にはその株主総会の決議等により退職金額が具体的に確定した日の属する事業

年度の法人税の計算上、損金の額に算入されます。もちろん、退職金額については不相当に高額でない等の適正額である必要があります。

　今回のように、法人が所有する収益物件を退職金の代わりにYに引き渡すような場合、必要な情報としては、現物支給をしようとしている不動産等の時価と、その不動産等の帳簿価額が必要になります。老舗の法人の場合は法人が不動産を購入した時の額から比較して、不動産価値が下落している可能性も少なくないかもしれません。

　また、時価の算出には不動産鑑定士に評価の依頼をすることで税務署に対する客観的な時価の証明とすることができます。

　この退職金の現物支給の論点を仕訳にすると、以下のようになります。

　〔簿価が10,000万円、鑑定評価（時価）が6,000万円、退職金適正額が6,000万円の場合〕

　　退職金　6,000万円（時価）　　　未払退職金　6,000万円
　　未払退職金　6,000万円　　　／　　土地建物　10,000万円（簿価）
　　固定資産譲渡損4,000万円　／

　上記のように結果的に時価で退職金を支給したことになるため、退職金の6,000万円と時価と簿価の差額の固定資産譲渡損の4,000万円が損失計上されます。

②　消費税（地方消費税を含む）の取扱い

　退職金の現物支給でも法人に消費税が課税されない場合と、課税される場合とに分かれます。通常は、建物を譲渡した場合は消費税が発生しますが、以下の通達にあるように、法人がYの退職金支給を株主総会で決議する際に、その支給を土地建物と明記し決議することで、法人の現物支給は代物弁済に該当せず、消費税は課税されません。

●消費税基本通達5－1－4

> 　債務者が債権者の承諾を得て、約定されていた弁済の手段に代えて他の給付をもって弁済する場合の資産の譲渡をいうのであるから、例えば、いわゆる現物給与とされる現物による給付であっても、その現物の給付が給与の支払に代えて行われるものではなく、単に現物を給付することとする場合のその現物の給付は、代物弁済に該当しないことに留意する。

　それに対し、総会決議で退職金の支給と金銭支給額を確定しており、何らかの流れで金銭の支給に代えて現物支給にした場合は代物弁済であり、建物の譲渡に対して消費税が課税されてしまいます。

（3）非収益物件の場合

　以上は、本件で信託の対象となる不動産が収益不動産であることを想定していますが、そうでない不動産であった場合はどうなるでしょうか。

　まず、自己信託自体は有効にできるといえます。そして、そこで発生した受益権を退職金に充当すること自体は、法律上は可能であると考えられます。もっとも、そこでいう受益権の内容は少しわかりにくいですが、強いて言うなら、当該不動産を実際に利用できる権利、というべきものになると考えられます。

　今回のケースのように、自己信託をした受益権は金銭の給付を内容としないことから、受益者は金銭給付を受けることができません。

　そこで、受益権を会社が随時購入する形、例えば受益権として3,000万円相当額を退職金として渡した場合、毎年300万円ずつ受益権を会社が買い取っていくというやり方によって、実質的に退職金の分割支給を実現する方法も考えられます。しかし、このような仕

組み自体が税務署にどのように評価されるのかは、今の段階で明確な答えは出ていません。信託の組成にあたっては、当該信託の組成によりストレートに節税ができないという点についてはすでにお伝えしたところですが、ここで記載したような方法についても、租税回避と訴えられないように実際の仕組みを作る段階においては慎重に検討をすることが必要です。

　以上のとおり、収益物件でなくても、自己信託で発生した受益権は、適正な評価額であれば退職金に充当することが可能です。ただし、収益物件でない場合には、受益者であるＹが金銭の給付を受ける根拠は難しくなります。

　よって、一つの手法として、受益権を一定の割合で会社が購入し、その対価を支払う形で給付することが考えられます。

　いずれにしろ、税務当局から見て、不当な課税逃れだと言われないようにしっかりとした仕組みを考える必要があります。

5　登記面での留意点

　自己信託において通常の信託の登記と違う点として、まず信託により権利は移転しないことがあげられます（ただし、登記はされる点に注意）。委託者自身がもともと所有していた財産を、自らを受託者として信託することによって、その財産が固有の財産から信託財産に変わります。

　したがって、所有権移転登記とともに信託の登記をするのではなく、信託財産となった旨の登記（変更登記）と信託の登記をすることになります。

　登記の際の添付書類としては次の３点に注意が必要です。

①　申請人としては、受託者からの単独申請となりますが、不動産登記令８条１項８号により登記識別情報または登記済証の提

供が必要となります。

② 　単独申請ではありますが、作成後3カ月以内の委託者の印鑑証明書の添付も必要となります（不登令16②③、不登則47三イ（4））。

③ 　自己信託については、意思表示について信託法4条3項1号に、公正証書その他の書面または電磁的記録（電子的方式、磁気的方式その他人の知覚によっては認識することができない方式で作られる記録であって、電子計算機による情報処理の用に供されるものとして法務省令で定めるものをいう。）によってされる場合と記載があるため、登記原因証明情報と添付できるもの（公正証書の謄本等）についても限定されています（不登令別表㊺添付情報欄イ、同㊻3添付情報欄）。

　登録免許税としては、所有権移転登記ではなく、権利の変更登記となるため、不動産1個につき1,000円となります（登免別表第一・1・(14)）。信託の登記の登録免許税は、通常の信託の登記の場合と変わりません。

　登記完了後の登記記載例としては、下記のようになります。

【登記記載例】

権利部（甲区）（所有権に関する事項）			
順位番号	登記の目的	受付年月日・受付番号	権利者その他の事項
2	所有権移転	令和○年○月○日第○号	原因　令和○年○月○日相続 所有者　○○市・・・ 　　　　　　A
3	信託財産となった旨の登記	令和○年○月○日第○号	原因　令和○年○月○日自己信託 受託者　○○市・・・ 　　　　　　A
	信託	余白	信託目録第○号

6 その他の実務上の問題点

（1）ヒアリング

　まず、自己信託が、委託者＝受託者という一見わかりにくい仕組みになっていることから、相談者にはその内容をしっかりと説明しなければなりません。また、認知症対策機能がないことも説明し、誤解がないようにしなければなりません。この点が他の信託の場合と異なります。

（2）公正証書の作成

　自己信託は、自分の財産の一部を固有の財産から切り分けることから、詐害行為のおそれがあります。よって、他の信託と異なり、実際には、公正証書で作成する必要があります（信4③）。

7 自己信託設定公正証書（信託宣言）

【契約書例5】

自己信託設定公正証書

　本公証人は、信託設定者株式会社A（以下、「委託者」または「委託者株式会社A」という）の嘱託により、次の法律行為に関する陳述の趣旨を録取し、この証書を作成する。

（信託目的）
第1条　本信託の信託目的は、以下のとおりである。

　　受託者が信託財産目録記載の財産（以下、「本件信託財産」
　という）を管理または処分等することにより、委託者株式
　会社Ａの経営の安定を図りつつ、受益者の生活の安定を図
　ることを目的とする。

（自己信託設定の意思表示）

第2条　委託者は、○年○月○日、前条の目的に従い、第3
　条および第4条記載の財産について、自己を信託の受託者
　として、受益者のために、当該財産の管理、処分およびそ
　の他本信託目的の達成のための必要な行為を自ら行うもの
　として信託する（以下、「本信託」という）。

2　本信託は、本公正証書作成と同時に効力が発生するもの
　とする。

（信託財産－預金）

第3条　委託者は、本意思表示後、遅滞なく、信託財産目録
　記載の預金を払い戻す。

2　受託者は、前項の払戻金を第12条の区分に応じて分別管
　理する。

（信託財産－不動産）

第4条　受託者は、本信託後直ちに、単独で、信託財産目録
　記載の信託不動産（以下、「本件信託不動産」という）が
　信託財産となった旨の権利の変更の登記申請を行う。

2　受託者は、前項の登記申請と同時に、信託の登記の申請
　を行う。

契約書例5

（信託不動産の瑕疵に係る責任）

第5条　受託者は、信託期間中および信託終了後、信託不動
　産の瑕疵および瑕疵より生じた損害について責任を負わな
　い。

（信託の追加）

第6条　委託者は、金銭を本信託に追加することができる。

（委託者および受託者）

第7条　本信託の委託者および受託者は、株式会社Ａ（○○
　年○月○日設立、住所：○○県○○市△△町６番１号、代
　表取締役Ｘ）である。

（受託者の信託事務）

第8条　受託者は、以下の信託事務を行う。

（１）　信託財産目録記載の信託不動産を管理、処分するこ
　　　と。

（２）　信託財産目録記載の信託不動産を第三者に賃貸し、
　　　第三者から賃料を受領すること。

（３）　前号によって受領した賃料を、上記第１号の信託不
　　　動産を管理するために支出すること。

（４）　上記第１号、第２号において売却代金、受領した借
　　　入金および賃料を管理し、受益者に対し第18条に定め
　　　るところにより支出すること。

（５）　信託財産に属する金銭および預金を管理し、第17条
　　　の定めるところに従い、受益者に給付すること。

（６）　その他信託目的を達成するために必要な事務を行う
　　　こと。

（善管注意義務）

第9条　受託者は、信託財産の管理、処分その他の信託事務について善良な管理者の注意をもって処理しなければならない。

（忠実義務）

第10条　受託者は、受益者に対し、忠実に、信託財産の管理、処分その他の信託事務を処理しなければならない。

（公平義務）

第11条　受託者は、受益者に対し、公平に、信託財産の管理、処分その他の信託事務を処理しなければならない。

（分別管理義務）

第12条　受託者は、信託財産に属する金銭および預金と受託者の固有財産とを、以下の各号に定める方法により、分別して管理しなければならない。

（1）　金銭　　信託財産に属する財産と受託者の固有財産とを外形上区別することができる状態で保管する方法

（2）　預金　　信託財産に属する預金専用の口座を開設するなど、受託者の固有財産と区別できる方法

（帳簿等の作成・報告・保存義務）

第13条　本信託の計算期間は、毎年1月1日から12月31日までとする。ただし、第1期の計算期間は、信託開始日から○○年12月31日までとする。

契約書例5

2　受託者は、信託事務に関する計算を明らかにするため、信託財産に属する財産および信託財産責任負担債務の状況を記録しなければならない。

3　受託者は、信託財産に関し、第1項の信託期間に対応する信託財産目録および収支計算書を当該計算期間が満了した月の翌月末日までに作成しなければならない。

4　受託者は、信託財産目録記載の信託不動産を第三者に賃貸することに関し、賃借人の退去、新たな賃借人の入居および賃料ならびに管理費の変更など賃貸借契約の当事者および内容等に変更があった場合には、その経過報告書を作成しなければならない。

5　受託者は、第3項記載の信託財産目録および収支計算書を、第3項により決められた期日までに、委託者および受益者に提出しなければならない。

6　受託者は、第4項記載の経過報告書を、その作成の都度、委託者および受益者に提出しなければならない。

7　受託者は、第2項に基づき作成した帳簿は作成の日から10年間、第5項ならびに前項に基づき委託者および受益者に提出した書類は信託の清算の結了の日までの間、保存しなければならない。

（信託費用の償還）
第14条　受託者は、委託者から信託事務処理に係る費用の償還または前払いを受けることができる。

2　前項の場合のほか、受託者は、信託事務処理に係る費用を、直接、信託財産から償還を受けることができる。

（信託報酬）

第15条　受託者は無報酬とする。

（受益者）

第16条　本信託の受益者は、次のとおりである。

　　受益者　住　所

　　　　　　氏　名　　　Y

　　　　　　生年月日

2　当初受益者Yが死亡したときは、同人が有していた受益
　権は消滅し、以下の者が消滅した受益権と同じ割合の受益
　権を取得する。

　　二次受益者　住　所

　　　　　　　　氏　名　　　Z

　　　　　　　　生年月日

（受益権）

第17条　受益者は、受益権として以下の内容の権利を有する。

　（1）　信託財産目録記載の信託不動産を第三者に賃貸した
　　　ことによる賃料から給付を受ける権利

　（2）　本件信託不動産が処分された場合には、その代価か
　　　ら給付を受ける権利

　（3）　本件信託不動産について委託者兼受託者である株式
　　　会社Aの利用に支障を生じさせない態様において利用
　　　する権利

　（4）　信託財産に属する預金および現金から生活費等の給
　　　付を受ける権利

2　前項の定めにかかわらず、受益者は、受託者に対し受益
　権の一内容として月額20万円の給付を受けることができ

る。ただし、前項により給付を受けることとなった場合には、その給付の額は控除するものとする。

（給付方法）
第18条　受託者は、受益者の生活の需要に応じるため、前条に定めるところにより、定期に、信託財産から受益者に金銭を給付する。
2　前項の給付方法は、現金または受益者名義の口座への振込によって行う。

（受益権の譲渡禁止）
第19条　受益者は、受益権を譲渡または質入れすることはできない。

（信託の変更）
第20条　委託者は、その書面による意思表示によって信託の変更をすることができる。
2　前項の場合には、委託者は、受益者に対し、遅滞なく、変更後の信託行為の内容を通知しなければならない。

（信託の終了事由）
第21条　本信託は、次の事由により終了する。
　（1）　受益者であるYが死亡したとき
　（2）　本信託の効力が発生した時から20年が経過するとき

（清算事務）
第22条　清算受託者として、本信託終了時の受託者を指定する。

2　清算受託者は、信託清算事務を行うにあたっては、本信託の契約条項および信託法令に従って事務手続を行うものとする。

（残余財産帰属権利者）
第23条　本信託の清算結了時の残余信託財産の帰属権利者は、委託者株式会社Ａとする。

信託財産目録

1　土地
　所　在　〇〇市〇〇区〇〇六丁目
　地　番　〇番〇号
　地　目　宅地
　地　積　750.00㎡

2　現金　〇〇万円

3　預金　〇〇銀行

以上

契約書例5

8 法務・税務・登記の観点からのコンメンタール

○ 第1条（信託目的）

◎◎ 法務

　今回の目的を見て、果たそうとしている信託が明確かというと、疑問があります。「経営の安定を図る」とありますが、どうして自己信託をしたら経営の安定につながるのか、というところをもう少し明確に書いておかないと、この信託が何のためにされたのかがわかりません。

○ 第2条（自己信託設定の意思表示）

◎◎ 法務

　第2項で、「本信託は、本公正証書作成と同時に効力が発生するものとする」と規定されています。この点については、信託法4条3項1号により当然のことなので記載しないという考えもありますが、いつから効力が生じるのかは明記してあったほうがわかりやすいので、この条文はあったほうがよいでしょう。

○ 第3条（信託財産－預金）

◎◎ 法務

　本事例では信託財産を「預金」としています。事例文を読み進めていくと、預金を払い戻した後の金銭を信託財産とすることは明らかですが、現行法において預金自体は信託財産とならないため、この表現では信託口口座を開設する際に金融機関が受け付けてくれない可能性があります。信託口口座の開設を考えている場合には、あらかじめ金融機関と調整をするなどの注意が必要です。

　そもそも、今回の信託の場合、金銭の信託が必要かという点も検討すべきです。一般論として、不動産の信託には一定の金銭を同時

に信託するのが望ましいとされていますが、今回の元々の目的、つまり退職金の現物支給の実現という観点からすると、あわせて金銭を積み増しして支給するというのも変な形になってしまう可能性があります。

○　第４条（信託財産－不動産）

◎◎ 登記

これまでの事例の契約書の例と記載ぶりが異なっているのに注意してください。信託契約の場合には、委託者と受託者の間の契約に基づいて所有権移転および信託の登記をすることから、それにあわせた条文になっていましたが、自己信託の場合、委託者＝受託者であるため、書き方を考えないといけません。

○　第５条（信託不動産の瑕疵にかかる責任）

◎◎ 法務

今回のケースで、信託不動産に瑕疵があった場合に受託者が責任を負わないとするのが適切かどうかは検討が必要です。というのも、受託者＝委託者であるため、責任を負うとしても仕方がないと思われるからです。

○　第11条（公平義務）

◎◎ 法務

信託法33条では「受益者が２人以上ある信託においては、受託者は、受益者のために公平にその職務を行わなければならない」と定めています。

本公正証書でも公平義務を定めていますが、今回の場合、受益者は１人であることからあえて規定を置く必要はないと考えられます。

○ 第15条（信託報酬）

◎◎ 法務

今回、信託の対象財産は収益物件です。その管理を受託者が行います。

一般に、不動産の管理には固定資産税等の税金の負担や家賃の回収、物件のメンテナンスなど多くの負担がかかります。それらの業務を専門業者にお願いした場合にも費用がかかることなども踏まえると、いくら自己信託とはいえ、無報酬が適切かどうか考える必要があります。

○ 第17条（受益権）

◎◎ 法務

今回の自己信託設定公正証書では、もともと父親であるＹに対して、月々に決まったお金を渡したいという思いもあることから、第２項のような定めをしています。ただ、信託の対象財産との関係で、はたしてこのような規定ぶりがよいかどうかは検討しないといけません。

◎◎ 税務

法律上は許されるとしても、このような定めが税務上予期せぬ課税を生まないかどうかについては慎重に検討する必要があります。

○ 第20条（信託の変更）

◎◎ 法務

信託の変更について、委託者の意思表示により変更ができる、となっています。

すでに述べたとおり、自己信託においては認知症対策機能がないことから、委託者＝受託者が認知症等になり判断能力を失った場合、この規定に基づいて信託の変更ができなくなる点に注意してください（本事例では会社のため問題ありません）。

○　第21条（信託の終了事由）

◎◎ 税務

　本事例のように、法人が委託者の場合には、信託契約が租税回避に利用されていないか、または法人税の課税が不均衡になっていないかといった観点から法人課税信託に該当するとされるケースがあります。法人課税信託についての詳細は後述します。

　本事例は信託の終了事由に、「本信託の効力が発生した時から20年が経過するとき」とありますが、これは法人課税信託の適用となる「自己信託等で信託期間が20年を超えるもの」に該当しないように配慮された可能性があると推測できます。

13　事業承継のための自己信託

　　事例4で株式信託を取り上げましたが、実は株式信託を自己信託という形で行うことにより、事業承継の場面で活用する手法がありますので、簡単にご紹介します。

　　コラム10で、「固定合意」を取り上げました。簡単に振り返ると、株価が安いうちにその金額を固定することで、以後の業績が良くなることに伴う株価の上昇に付随する承継時の遺留分の問題を減らすというものでしたが、仕組みが複雑であまり使われていないのが実情です。

　　そこで、次のように自己信託を使う方法が考え出されました。

　　ざっくりとした説明ですが、株価が安い段階で株主である会長が、その株式を自己信託します。自己信託をした結果、受益権が生じます。その受益権を後継者に渡します。この受益権を渡す際、贈与税がかかりますが、その金額は自己信託時、つまり株価が安い時の金額をもとに算出されるため、その後、業績が良くなって株価が上がったとしても影響を受けません。

　　そして、将来的に信託を終わらせて残余財産が後継者に帰属した場合も、すでに受益権が移っていることから、課税はされません。

　　このように、自己信託を使って、円滑な事業承継をするという手法もあります。

補足：法人課税信託

（1）概　要

　家族信託の税務上の類型は、「受益者等課税信託」が多くを占めていると前述しましたが、信託契約の設計ミス等で「法人課税信託」という思わぬ課税体系になることがあります。

　受益者等課税信託は、信託契約上で経済的な利益を受ける「受益者」が課税対象になりますが、法人課税信託は、受益者ではなく、財産の管理等を行う「受託者」が課税対象者になります。当初委託者もそのようなことを望んで信託を検討したわけではない場合、法人課税信託にならないように信託契約を整える必要があります。

　また、所得税法6条の2にあるように、法人課税信託に該当すると、受託者は、信託契約による信託財産等[1]と、受託者自身の固有資産等[2]ごとに、それぞれ別の者とみなされ、各々課税されることになります。

●所得税法6条の2

> （法人課税信託の受託者に関するこの法律の適用）
> 第6条の2　法人課税信託の受託者は、各法人課税信託の信託資産等（信託財産に属する資産及び負債並びに当該信託財産に帰せられる収益及び費用をいう。以下この章において同じ。）及び固有資産等（法人課税信託の信託資産等以外の資産及び負債並びに収益及び費用をいう。次項において同じ。）ごとに、それぞれ別の者とみなして、この法律（前章（納税義務）及び第五章（納税地）並びに第六編（罰則）を除く。次条において同じ。）の規定を適用する。
> 2　前項の場合において、各法人課税信託の信託資産等及び固有資産等は、同項の規定によりみなされた各別の者にそれぞれ帰属するものとする。

また、法人税法４条の７第１号、所得税法６条の３にあるように、受託者は、個人の場合だとしても会社とみなされてしまい「受託法人」として取り扱われます。受託者が個人であれば、会社としての受託法人の信託財産等と、個人である受託者の固有資産等を別の人格が所有するものとします。

※１　法人課税信託の信託財産に属する資産や負債、その信託財産に帰属する収益および費用をいいます。

※２　法人課税信託の信託財産以外の資産や負債、収益および費用をいいます。

●法人税法４条の７

（受託法人等に関するこの法律の適用）

第４条の７　受託法人（法人課税信託の受託者である法人（その受託者が個人である場合にあっては、当該受託者である個人）について、前条の規定により、当該法人課税信託に係る信託資産等が帰属する者としてこの法律の規定を適用する場合における当該受託者である法人をいう。以下この条において同じ。）又は法人課税信託の受益者についてこの法律の規定を適用する場合には、次に定めるところによる。

　一　法人課税信託の信託された営業所、事務所その他これらに準ずるもの（次号において「営業所」という。）が国内にある場合には、当該法人課税信託に係る受託法人は、内国法人とする。

　二　法人課税信託の信託された営業所が国内にない場合には、当該法人課税信託に係る受託法人は、外国法人とする。

　三　受託法人（会社でないものに限る。）は、会社とみなす。

　四　信託の併合は合併とみなし、信託の併合に係る従前の信託である法人課税信託に係る受託法人は被合併法人に含まれるものと、信託の併合に係る新たな信託である法人課税信託に係る受託法人は合併法人に含まれるものとする。

　五　信託の分割は分割型分割に含まれるものとし、信託の分割によりその信託財産の一部を受託者を同一とする他の信託又は新たな信託の信託財産として移転する法人課税信託に係る受託法人は分割法人に含まれるものと、信託の分割により受託者を同一とする他の信託からその信託財産の一部の移転を受ける法人課税信託に

係る受託法人は分割承継法人に含まれるものとする。

六　法人課税信託の受益権は株式又は出資とみなし、法人課税信託の受益者は株主等に含まれるものとする。この場合において、その法人課税信託の受託者である法人の株式又は出資は当該法人課税信託に係る受託法人の株式又は出資でないものとみなし、当該受託者である法人の株主等は当該受託法人の株主等でないものとする。

七　受託法人は、当該受託法人に係る法人課税信託の効力が生ずる日（一の約款に基づき複数の信託契約が締結されるものである場合にはその最初の契約が締結された日とし、法人課税信託以外の信託が法人課税信託に該当することとなった場合にはその該当することとなった日とする。）に設立されたものとする。

八　法人課税信託について信託の終了があった場合又は法人課税信託（第2条第29号の2ロ（定義）に掲げる信託に限る。）に第12条第1項（信託財産に属する資産及び負債並びに信託財産に帰せられる収益及び費用の帰属）に規定する受益者（同条第2項の規定により同条第1項に規定する受益者とみなされる者を含む。次号において「受益者等」という。）が存することとなった場合（第2条第29号の2イ又はハに掲げる信託に該当する場合を除く。）には、これらの法人課税信託に係る受託法人の解散があったものとする。

九　法人課税信託（第2条第29号の2ロに掲げる信託を除く。以下この号において同じ。）の委託者がその有する資産の信託をした場合又は第12条第1項の規定により受益者等がその信託財産に属する資産及び負債を有するものとみなされる信託が法人課税信託に該当することとなつた場合には、これらの法人課税信託に係る受託法人に対する出資があったものとみなす。

十　法人課税信託の収益の分配は資本剰余金の減少に伴わない剰余金の配当と、法人課税信託の元本の払戻しは資本剰余金の減少に伴う剰余金の配当とみなす。

十一　前各号に定めるもののほか、受託法人又は法人課税信託の受益者についてのこの法律の規定の適用に関し、必要な事項は、政令で定める。

（受託法人等に関するこの法律の適用）

第6条の3　受託法人（法人課税信託の受託者である法人（その受託者が個人である場合にあっては、当該受託者である個人）について、前条の規定により、当該法人課税信託に係る信託資産等が帰属する者としてこの法律の規定を適用する場合における当該受託者である法人をいう。以下この条において同じ。）又は法人課税信託の委託者若しくは受益者についてこの法律の規定を適用する場合には、次に定めるところによる。

一　法人課税信託の信託された営業所、事務所その他これらに準ずるもの（次号において「営業所」という。）が国内にある場合には、当該法人課税信託に係る受託法人は、内国法人とする。

二　法人課税信託の信託された営業所が国内にない場合には、当該法人課税信託に係る受託法人は、外国法人とする。

三　受託法人（会社でないものに限る。）は、会社とみなす。

四　法人課税信託の受益権（公募公社債等運用投資信託以外の公社債等運用投資信託の受益権及び社債的受益権（資産の流動化に関する法律第230条第1項第2号（特定目的信託契約）に規定する社債的受益権をいう。第24条第1項（配当所得）、第176条第1項及び第2項（信託財産に係る利子等の課税の特例）、第224条の三（株式等の譲渡の対価の受領者等の告知）並びに第225条第1項（支払調書）において同じ。）を除く。）は株式又は出資とみなし、法人課税信託の受益者は株主等に含まれるものとする。この場合において、その法人課税信託の受託者である法人の株式又は出資は当該法人課税信託に係る受託法人の株式又は出資でないものとみなし、当該受託者である法人の株主等は当該受託法人の株主等でないものとする。

五　法人課税信託について信託の終了があった場合又は法人課税信託（法人税法第2条第29号の2ロ（定義）に掲げる信託に限る。）に第13条第1項（信託財産に属する資産及び負債並びに信託財産に帰せられる収益及び費用の帰属）に規定する受益者（同条第二項の規定により同条第一項に規定する受益者とみなされる者を含む。次号及び第7号において「受益者等」という。）が存するこ

ととなった場合（同法第2条第29号の2イ又はハに掲げる信託に
該当する場合を除く。）には、これらの法人課税信託に係る受託
法人の解散があったものとする。

六　法人課税信託（法人税法第2条第29号の2ロに掲げる信託を除
く。以下この号において同じ。）の委託者がその有する資産の信
託をした場合又は第13条第1項の規定により受益者等がその信託
財産に属する資産及び負債を有するものとみなされる信託が法人
課税信託に該当することとなった場合には、これらの法人課税信
託に係る受託法人に対する出資があったものとみなす。

七　法人課税信託（法人税法第2条第29号の2ロに掲げる信託に限
る。以下この号において同じ。）の委託者がその有する資産の信
託をした場合又は第13条第1項の規定により受益者等がその信託
財産に属する資産及び負債を有するものとみなされる信託が法人
課税信託に該当することとなった場合には、これらの法人課税信
託に係る受託法人に対する贈与により当該資産の移転があったも
のとみなす。

八　法人課税信託の収益の分配は資本剰余金の減少に伴わない剰余
金の配当と、法人課税信託の元本の払戻しは資本剰余金の減少に
伴う剰余金の配当とみなす。

九　前各号に定めるもののほか、受託法人又は法人課税信託の委託
者若しくは受益者についてのこの法律の規定の適用に関し必要な
事項は、政令で定める。

このように次にあげる特殊なケースに該当した場合は、上記のよ
うな思わぬ課税を受ける可能性があります。

（2）事例別

①　受益証券を発行する定めのある信託

受益証券を発行する信託（集団投資信託、退職年金等信託、特
定公益信託を除く）については、以下にあげる規定により、法人
課税信託とされています（法法2条29の2イ、所法2条8の3）。

また、信託法上は「信託行為において一または二以上の受益権を表示する証券を発行する旨を定めることができる」となっていて、発行する場合にその旨を定めることができるとなっています。これにより、基本的に発行しないということはわかりますが、税務の法人課税信託の観点から受益証券の不発行をあえて明確にするために「本信託において、受益権証書は発行しない。」という一文を入れているケースが多くあります。

●信託法185条

（受益証券の発行に関する信託行為の定め）
第185条　信託行為においては、この章の定めるところにより、一又は二以上の受益権を表示する証券（以下「受益証券」という。）を発行する旨を定めることができる。

●法人税法２条29の２イ

（定義）
第２条29の２　法人課税信託　次に掲げる信託（集団投資信託並びに第12条第４項第１号（信託財産に属する資産及び負債並びに信託財産に帰せられる収益及び費用の帰属）に規定する退職年金等信託及び同項第２号に規定する特定公益信託等を除く。）をいう。
　イ　受益権を表示する証券を発行する旨の定めのある信託

●所得税法２条８の３

（定義）
第２条　この法律において、次の各号に掲げる用語の意義は、当該各号に定めるところによる。
　（略）
　八の三　法人課税信託　法人税法（昭和40年法律第34号）第２条第29号の二（定義）に規定する法人課税信託をいう。

②　受益者等が存しない信託

　万が一、受益者等が存しない信託になってしまった場合等は、法人税法2条の29の2のロから受託者を法人とみなして、受増益に対して法人税等が課税されてしまいます。その流れで、信託財産から生まれる損益に対しても法人税が継続して課税されます。

　また、受益者が不存在の場合に、委託者（前受益者）から経済的利益の移転を受ける者が不存在のために受託者に法人税を課税するという規定になりますが、さらに租税回避の観点から、その信託で将来存在することとなる受益者等となる者が、その信託の委託者の親族等（6血・3姻・配）であるときは、受託法人はさらに個人とみなされてしまい、その効力の発生時に贈与税（遺贈の場合は相続税）が課税されてしまいます。

　しかしながら、それでは法人税と贈与税等が一つの事象に対して二重課税になる部分が発生するため、贈与税等が課税された場合は法人税が控除されることになります。

　少しわかりにくい規定ですが、これはどのようなケースを想定した規定かというと、一つの事象に対する法人税と贈与税（相続税）の税率の差を利用した租税回避を目的として、あえて法人課税信託になり親族間で租税回避を行うことを防止するための仕組みになっています。

　また、このような法人課税信託の受託法人は、一般的には内国法人として法人課税信託の効力が生じた日（信託契約の締結時等）に設立されたものとみなされます。さらに、一般の法人と同様の手続きが必要になるため、かなり違和感がありますが、信託効力発生時から一定月以内に提出する必要がある設立届出書等の各種税務関連書類の提出が必要になります。出口の話になりますが、信託の終了や、途中で受益者等が存することになった場合には、法人は解散があったものとされます。

③ 委託者が法人の場合で、一定の条件を満たしてしまった信託

委託者が法人で以下のような要件に該当する場合は、法人課税信託に該当しないかどうかの検討が必要になります。

ただし、法人が委託者となる信託であっても、信託財産に属する資産のみを信託する場合は、法人税法2条の29の2ハの括弧書きにあるように、法人課税信託の範囲から除かれます。この「信託財産に属する資産のみを信託するもの」とは、いわゆる再信託のことを示していて、再信託については租税回避のおそれがあるとはいえないため、「法人が委託者となる信託で一定のもの」には該当しないとされています。

(a) 事業の重要部分の信託

> 委託者である法人の事業の全部または重要な一部を信託し、かつ、その信託の効力が生じた時において、当該法人の株主等が取得する受益権のその信託に係るすべての受益権に対する割合が100分の50を超えるものに該当することが見込まれていたこと（その信託財産に属する金銭以外の資産の種類がおおむね同一区分に属する一定の場合を除く）。

これは、①委託者である法人の事業の全部または事業の重要な一部を信託する、②信託の効力発生時に、その法人株主等が取得する受益権の割合が、その信託に係る全体受益権に対する割合が50%超になることを見込まれていたこと、を満たすと発動してしまう要件になります。

この要件は、例えば法人の事業赤字を個人のプラスである所得と通算することによる租税回避を防止するために規定されていると考えるとわかりやすいかもしれません。たとえ、設計時に法人株主を受益者にしていなくても、変更等により法人株主が結果的に受益者に該当してしまった場合は、この法人課税信

託に該当する可能性がでてきます。

　この場合の「当該法人の事業の全部または重要な一部」の部分ですが、その譲渡につき会社法の事業譲渡等の承認等の株主総会の決議を要するもの、言い換えると、特別決議を要するものであり、実際に特別決議が行われたかどうかは関係ありません。

　ただし、括弧書きのとおり、租税回避を意図したものでない場合のような、例えば設計した信託財産の種類がおおむね同一種類である一定の場合は、このケースに該当しても法人課税信託には該当しません。

(b)　自己信託等で信託期間が20年を超えるもの

> 　その信託の効力が生じた時、またはその信託行為において定められたその存続期間の変更の効力が生じた時において、委託者である法人、またはその特殊関係者が受託者であり（広義の自己信託）、かつ、効力発生時等において、その効力発生時以後のその存続期間が20年を超えるものとされていたこと（その信託財産の性質上、その信託財産の管理または処分に長期期間を要する場合を除く）。

　これは、通常の自己信託の概念より少し捉え方が広くなっていて、委託者（法人）だけでなく特殊関係者を受託者とする場合も該当することになります。しかし、括弧書きのとおり、このケースに該当しても、信託財産が減価償却資産等である場合に、その管理することになる信託財産の耐用年数が20年超のようなケースは、租税回避を目的とした信託とされることはありません。

　この要件は、元々は法人の財産だったものを、不動産等ではないもので実態として永続的または長期的に信託財産の管理等は法人主体のままにしているにもかかわらず、しかし、信託を

活用してその帰属する利益だけ受益者に帰属させようとすることにより、長期間にわたる法人税の課税が不明瞭になることを防止するための規定であるといえます。

(c) 自己信託等で損益分配割合が変更可能であるもの

> その信託の効力が生じた時において、委託者である法人またはその特殊関係者を受託者とし（広義の自己信託）、その特殊関係者（委託者とは限らない）をその受益者とし、かつ、その時において、その特殊関係者に対する収益の分配の割合について、受益者、委託者その他の者がその裁量により決定することができること。

　例えばA法人のX部門やZ部門の事業の自己信託があったとします。様々なケースが想定されますが、この場合は、何らかの形でX部門の事業の黒字を移転させたり、Z部門の事業の赤字を移転したりすることができ、それぞれの裁量で容易に収益分配の割合等を決定できることによる、包括的な租税回避を防止するためにあると解釈できます。

●**法人税法２条29の２ハ**

第２条29の２

（省略）

ハ　法人（公共法人及び公益法人等を除く。）が委託者となる信託（信託財産に属する資産のみを信託するものを除く。）で、次に掲げる要件のいずれかに該当するもの

（１）　当該法人の事業の全部又は重要な一部（その譲渡につき当該法人の会社法（平成17年法律第86号）第467条第１項（第１号又は第２号に係る部分に限る。）（事業譲渡等の承認等）の株主総会の決議（これに準ずるものを含む。）を要するものに限る。）を信託し、かつ、その信託の効力が生じた時において、当該法人の株主等が取得する受益権のその信託に係る全ての受益権に

対する割合が100分の50を超えるものとして政令で定めるものに該当することが見込まれていたこと（その信託財産に属する金銭以外の資産の種類がおおむね同一である場合として政令で定める場合を除く。）。

（2）　その信託の効力が生じた時又はその存続期間（その信託行為において定められた存続期間をいう。（2）において同じ。）の定めの変更の効力が生じた時（（2）において「効力発生時等」という。）において当該法人又は当該法人との間に政令で定める特殊の関係のある者（（2）及び（3）において「特殊関係者」という。）が受託者であり、かつ、当該効力発生時等において当該効力発生時等以後のその存続期間が20年を超えるものとされていたこと（当該法人又は当該法人の特殊関係者のいずれもがその受託者でなかった場合において当該法人又は当該法人の特殊関係者がその受託者に就任することとなり、かつ、その就任の時においてその時以後のその存続期間が20年を超えるものとされていたときを含むものとし、その信託財産の性質上その信託財産の管理又は処分に長期間を要する場合として政令で定める場合を除く。）。

（3）　その信託の効力が生じた時において当該法人又は当該法人の特殊関係者をその受託者と、当該法人の特殊関係者をその受益者とし、かつ、その時において当該特殊関係者に対する収益の分配の割合の変更が可能である場合として政令で定める場合に該当したこと。

信託融資（既存債務の承継、信託内借入）への対策

1 事例の概要

　相談者X（75歳）は妻と長男Y、長女Zの4人家族です。Xは、15年ほど前に、父母から多くの不動産を相続したが、その際に相続税の準備などで苦労した経験があります。自分のときには、家族に同じような苦労をさせたくないと思っています。

◆関係図

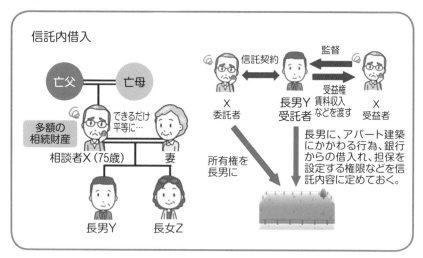

【相談内容】

　Xが持つ様々な財産の中の一つに、更地があります。

　知り合いの税理士から、「適正な節税のために、金融機関から融資を受けたうえで、その土地にアパートを建ててはどうか」との話を受け、そのことについて考えています。

　X自身としては、アパートの収入が入ることで自分の生活をゆとりあるものにできるならそれはそれで良いし、またそれにより税の負担が軽くなって相続をするYやZが楽をできるならそうしたいと考えています。

　他方で、Xは病気にかかることもなく、病院にもほとんど行かず元気だったのですが、ここ数年めっきり体調が悪くなってきているのを感じています。最近では、毎週のように病院に通っては、他の患者を見て、自分も突然倒れたり、寝たきりになったりしたら…と不安に襲われます。

　アパートを建てるとしたら、その契約手続中は元気でいないといけないと聞き、果たして自分の場合は大丈夫なのか、元気なうちに子どもたちに託せるのか、何か方法はないのかというご相談です。

2　事例の背景

　従前より、相続税対策として、銀行から融資を受けて自己の有する土地にアパートを建てるということは広く行われてきました（その仕組みについては**コラム14「なぜアパートを建てると相続税が安くなるのか？」**を参照のこと）。最近では、サービス付き高齢者住宅を建てたりすることで、地域に貢献しつつ、税負担を抑えようとする取組みも行われています。

14 なぜアパートを建てると相続税が安くなるのか？

　遊休不動産や農地等の不動産（土地）を複数お持ちの方は、「金融機関から借入れをして、所有されている遊休不動産や農地を活用してアパートを建て、不動産賃貸オーナーになって相続税対策をしませんか？」と、不動産会社の営業の方から、何度か話を持ちかけられたことがあるでしょう。

　ではなぜ、不動産賃貸オーナーになることが相続税対策になるのでしょうか。

　相続税がかかる財産は、現預金、建物や土地等の不動産、株式等のプラスの資産で構成されます。また、そこから、借入れや未払金等の債務であるマイナスの財産を控除し、相続税の計算が行われます。

　先に、「金融機関から借入れをして〜」と不動産会社から持ちかけられると書きましたが、金融機関から借入れをすること自体に直接な節税の効果はありません。というのも、借入れのみに着眼してみると、相続税の課税割合が100％の資産である預金残高が同時に同額増加するため、借入れという債務が増加してもプラスもマイナスもないからです。また、借入金の返済が進むにつれて支払利息が発生するため、若干の財産の減少がありますが、それでは目減りさせているだけで借入れをする意味がなく、借入行為の単体では効果を発揮しません。

　これは、借入れで手に入れた相続税の課税割合100％の資産である預貯金を活用することで、効果を発揮することになります。

　次に、「所有されている遊休不動産や農地を活用してアパートを建て〜」についてですが、相続税の課税割合100％の資産である現預金を使用して、遊休地や農地転用された宅地の上に建物を建築することで、課税割合が100％対象となる現預金を、固定資産評価額により課税割合が60％程度の

建物に組み換えることができます。その建築した建物を一括借上げ等で入居者に貸し付けることで、さらに借家権割合の30％が控除され、建物の評価額が約42％となります。

　例えば、5,000万円を建築費に充てた場合は、評価額の約2,100万円が相続税の対象となります。

　また、地域性・個別特性はありますが、遊休地であった宅地はそのまま保有していると売買時価の約70％～80％程度の評価額になります。

　ところが、今回のように遊休地の上にアパートを建築した場合には、地域ごとに割合は異なりますが、借地権割合と借家権割合を乗じた割合がさらに宅地の評価額から減額されます。結果的に、相続税の課税のベースとなる評価額の異なる財産（評価額が低い財産）に組み換えることで相続税評価額を圧縮でき節税が可能になるのです。

　しかし、不動産賃貸業界の不況を考えると、資産のバランスを無視した相続税のみに着眼した投資行為は、逆に資産を減少させる結果となる場合もあるため、専門家に相談する等の慎重な判断が必要になります。具体例としては、大きな借入れを行って、アパートを建てることによって相続税を節税できたとしても、そのアパートの入居率が悪く、採算割れを起こすようなケースでは、最初に節税できた相続税の額以上に損をしてしまうようなことが起こり得ます。

　不動産の賃貸は、あくまでそれがビジネスとして成り立つことが必要だということをしっかり認識しておかないといけません。

3　今回のケースで取るべき手法および留意点

（1）前提となる知識

　既に何度も申し上げていますが、認知症等になって判断能力を失った後は、契約などの法律行為をすることができません。そのため、そのような状態になった後、相続税対策として金融機関から借入れをしたり、アパートの建築業者との間で工事請負契約などをしたりすることができなくなります。アパートやマンションの場合、建築期間が長期にわたることが多いため、契約時だけではなく、建築中に認知症等になってしまったり、交通事故等で判断能力を喪失してしまったり等のリスクもあります。

　たとえ財産所有者の考えに家族みんなが賛同していても、代わりに何かできるわけではありません。また、遺言で長男に全財産を渡す、全部任せた、と書いてあっても同様です。

　今回の事例にあてはめると、財産を所有しているXが、元気なうちにあれこれするならいいのですが、そうでなくなった後は、いわゆる相続税対策は困難になります。

　なお、判断能力喪失後は成年後見制度に頼ることが多いですが、成年後見制度は本人の保護、つまり財産を守ることを目的とした制度となるため、相続人のために借入れをしたり、建物を建築する契約をしたり、ということのために使うことはできません（直接本人のための借入れならいざしらず、相続人のための借入れとなると裁判所はOKを出さないはずです）。

　相続税対策というのは、「相続人」の負担を減らすということになるため、父親であるXがそのために借金をする、というのが認められないのはなんとなく理解しやすいかと思います。

（2）元気なうちに借入れ等をする

　もしできるのであれば、父親名義で金融機関から借入れをし、それで建物を建てることが理想です。今回の事例では、その方法も考えられます。

　では、例えば当初の段階では判断能力に問題がなかった人が、途中で判断能力を失った場合はどうなるでしょうか。

　例えば、融資は1回だけ、最初に満額出す、というパターンであれば、最初に判断能力があればとりあえずは先に進めるかもしれません。もっとも、その後の登記申請をどうするのか等、問題は出てくると思います。

　そうではなく、融資が何回かに分けて行われるような場合、建築業者との契約が先のタイミングである場合などはそうはいきません。融資を受けるための契約にしろ、建物を建てるための契約にしろ、判断能力を失った後は、X単独でそれらの行為をすることができず、また後見制度の利用による補完もできないことから、結果として工事の中断を余儀なくされる事態が起こります。これは、決して見過ごすことができないリスクといえます。

（3）家族信託を活用する

　このような場合、家族信託を活用する方法が考えられます。

　概要としては、父親のXが財産の管理等を長男であるYに委ねます。その委ねる内容の中に、借入れをする権限、不動産業者と契約する権限を盛り込んでおきます。それによって、Xが認知症等になって判断能力を失っても、受託者Yの判断によって借入れをすることができるようになり、その借入れに基づいて不動産業者と契約をすることができるようになります。

　このように、受託者が自らの権限に基づいて借入れをすることを「信託内借入」とか「受託者借入」と言ったりします。

受託者借入をした場合の相続税の債務控除等の税務については後述します。

　なお、受託者借入の実務等について、詳細に書かれている本としては『賃貸アパート・マンションの民事信託実務』（日本法令2019年8月）を参照ください。

15　既存債務の承継と信託内借入

　信託を利用した金融取引には、大きく分けて「既存債務の承継」と「信託内借入」の2つの論点があります。よく混同されるので、ここで整理をします。

1　既存の債務の承継

　既存の債務の承継というのは、例えば委託者が信託しようとする財産に担保がついている場合、つまり委託者が債務を負っている場合において、その債務を受託者が信託時に承継することをいいます。その承継の方法には免責的債務引受と重畳的債務引受とがあります。

　よく議論される中では「免責的債務引受をすると、委託者の債務がなくなるから、相続税の債務控除ができない」とか「重畳的債務引受けをすると、債権管理が難しくなる」とか、様々なテーマがあります。

2　信託内借入

　信託内借入とは、受託者が受託者としての立場で金融機関から借入れをすることをいいます。この借入れの際には、受託者固有の借入れではないことを明らかにするため、契約書上は「信託受託者○○」という名義で契約をしたりします。

3　信託財産責任負担債務

　信託財産責任負担債務とは、受託者が信託財産に属する財産をもって履行する責任を負う債務をいいます（信2⑨）。この概念はとても重要で、信託財産に対して請求を行うには、債権者の有する債権（の債務）が信託財

産責任負担債務になっていなければなりません。信託財産責任負担債務以外の債務にかかる債権者は、信託財産に対して強制執行等をすることができません（信23参照）。

では、何が信託財産責任負担債務にあたるのでしょうか。

この点については、信託法21条1項各号に定めがあります。

2の信託内借入については、信託法21条1項5号に定めがあります。そこで「信託財産のためにした行為であって受託者の権限に属するものによって生じた権利」は信託財産責任負担債務になると定められていることから明らかであり、受託者に借入権限がある場合、その権限内で借入れを行った場合には、同号に該当し、当該借入に基づく債務は信託財産責任負担債務となります。

1の債務引受けの場合はどうでしょうか。

まず、大前提として、既に付いている担保自体は信託しようがしまいがその実行の影響は受けません。もし信託によって担保の実行が妨げられるとすると、執行逃れに信託が悪用されることは必至です。融資をしている金融機関としては、保全の観点から信託財産についてもしっかりと責任財産に入れたいと思うでしょう。このときには、信託法21条1項3号の定めに基づいて信託財産責任負担債務化をしておく必要があります。

具体的には、信託契約書の中で、既存の債務について信託財産責任負担債務化をしておくことになります。仮に、信託財産責任負担債務としなかった場合、どのようなことが起こるかというと、担保を付けていれば、不動産の担保権の実行は可能です。しかしながら、それにとどまります。信託財産を管理する口座である信託口口座に金銭が貯まっていった場合であっても、債権者としてその口座の中で管理されている金銭（預金）を押さえることができなくなります（受益権を差し押さえるという方法もありますが、なかなか難しい問題もあります）。

4　まとめ

　既存の債務を承継する場合にしろ、信託内借入をする場合にしろ、信託財産責任負担債務の理解は不可欠です。

　また、後述のとおり、税務上の理解も必須となります。

　まだまだ議論が尽くされていない論点が非常に多くあるテーマですので、今後の研究が待たれるところです

4　税務面での留意点

　上記のとおり、信託融資に関する税務等についてはまだ定見はなく、相続税の債務控除に疑義が生じないように、どのように税務リスクを回避できるのかについて各専門家の間で議論がなされている最中です。

　とはいえ、依頼者の健康状態は待ったなしのケースもありますので、取り組まざるを得ないケースも出てきます。

　どのようにするのがベストかについては、各専門家の案件ごとの判断によるところになりますが、新しい議論の内容などを踏まえてしっかりと考えておく必要がありますし、リスクについては依頼者に説明をしておくことが重要です。

5 登記面での留意点

　融資を伴うにあたって、重要なポイントとしては、今の不動産の登記がどうなっているかを確認することです。それを怠り、いざ信託をやろうとしたときに、該当する不動産が農地で信託できなかったり、予想外の担保が入っていたり、となることがあります。

　登記上、担保権の設定がある場合も、実際に被担保債権が残っているか確認することが大切です。特に根抵当権の場合、実際にはその根抵当権者である金融機関との取引は終了しているものの、根抵当権の抹消登記がなされていないケースがままあります。その場合には、あらかじめ抹消登記を申請することなどの対応も必要です。

　また、登記上の地目は農地であっても、実際は宅地や雑種地であったり、さらには農地を宅地に転用する許可は取っているものの地目変更の登記がなされていなかったりする場合もあります。さらには、現状は更地の場合でもその土地上の建物が、滅失登記されておらず登記上残ってしまっていることもあります。

　他の信託の場合も気を付けないといけないですが、金融機関の融資が絡むこともあり、より一層注意が必要です。

6　信託契約書

【契約書例6】

不動産および金銭管理信託契約書

　委託者Ｘと受託者Ｙは、以下のとおり、信託契約を締結した。

（信託目的）
第1条　本信託の信託目的は、以下のとおりである 。

　　委託者の主な財産である不動産および金銭を受託者が管理または処分することにより

（1）　委託者の財産管理の負担を軽減すること

（2）　委託者が詐欺等の被害に遭うことを予防し、委託者が安全かつ安心な生活を送ることができるようにすること

（3）　委託者が、可能な限り、従前と変わらぬ生活を続けることにより、快適な生活を送ることができるようにすること

（信託契約）
第2条　委託者は、本契約の締結の日（以下、「信託開始日」という）に、前条の目的に基づき、別紙信託財産目録記載の財産（以下、「信託財産」という）を受託者に信託し、受託者はこれを引き受けた（以下、本契約に基づく信託を「本信託」という）。

（信託財産－金銭）

第3条　委託者は、信託契約締結後、遅滞なく、別紙信託目録記載の預金を受託者に引き渡し、受託者は、第13条の区分に応じ分別管理する。

2　委託者は、本契約締結日において、受託者に対し、信託財産目録記載の信託不動産の賃貸借契約に係る敷金、保証金および共益費その他賃借人から受領している金銭を信託財産として交付する。

（信託財産－信託不動産）

第4条　信託財産目録記載の信託不動産の所有権は、本信託開始日に、受託者に移転する。

2　委託者および受託者は、本契約後直ちに、前項の信託不動産について本信託を原因とする所有権移転の登記申請および信託の登記の申請を行う。

3　前第2項の登記費用は、受託者が信託財産から支出する。

（信託の追加）

第5条　委託者は、受託者の同意を得て、金銭を本信託に追加することができる。

（債務引受、信託財産責任負担債務および借換え）

第6条　委託者と受託者は、債務目録記載の債務について、金融機関と協議のうえで、免責的債務引受または重畳的債務引受のために必要な手続きを行う。

2　受託者が債務引受をした前項の債務は、信託財産責任負担債務とする。

3　受託者は、債務目録記載1の債務の借入条件より有利な

条件で新たな借入れを行い、当該借入金で債務引受をした
債務目録記載の債務を弁済する。

（委託者）
第7条　本信託の委託者はX（昭和○○年○○月○○日生、
　　住所：広島市○区○○町○丁目△番××番）である。

（委託者の地位）
第8条　委託者が死亡した場合、委託者の地位は受益権とと
　　もに移動するものとする。

（受託者）
第9条　本信託の受託者は、以下のとおりである。
　　受託者　住　　　所
　　　　　　氏　　　名　Y
　　　　　　生年月日
2　次の場合には、当初受託者の任務が終了し、新たな受託
　　者として下記の者を指定する。
　（1）　受託者が信託法第56条第1項各号に掲げる事由に該
　　　当したとき
　（2）　受託者につき任意後見監督人選任の審判がなされた
　　　とき
　　　　　住　　　所
　　　　　氏　　　名　Z
　　　　　生年月日

（受託者の信託事務）
第10条　受託者は、信託財産目録記載の信託不動産を管理、

契約書例6

処分する権限を有する。ここでいう管理権限には、第三者に賃貸し、その第三者から賃料を受領する権限を含むものとする。

2　受託者は、受託した金銭その他信託財産に属する金銭を管理し、受益者の生活費、医療費および介護費用等にあてるため支出するものとする。

（信託事務処理の第三者への委託）

第11条　受託者は、信託財産目録記載の信託不動産の管理を第三者に委託することができる。

（善管注意義務）

第12条　受託者は、信託財産の管理、処分その他の信託事務について善良な管理者の注意をもって処理しなければならない。

（分別管理義務）

第13条　受託者は、信託財産に属する金銭および預金と受託者の固有財産とを、以下の各号に定める方法により、分別して管理しなければならない。

（1）　金銭　信託財産に属する財産と受託者の固有財産とを外形上区別することができる状態で保管する方法

（2）　預金　信託財産に属する預金専用の口座を開設する方法

（帳簿等の作成・保管・保存義務）

第14条　本信託の計算期間は、毎年1月1日から12月31日ま

でとする。ただし、第1期の計算期間は、信託開始日から
〇〇年12月31日までとする。

2　受託者は、信託事務に関する計算を明らかにするため、
信託財産に属する財産および信託財産責任負担債務の状況
を記録しなければならない。

（信託費用の償還）

第15条　受託者は、信託事務処理に係る費用について、直接、
信託財産から償還を受けることができる。

2　受託者は、受益者から信託事務処理に係る費用の償還ま
たは前払いを受けることができる。

（信託報酬）

第16条　受託者の報酬は月額10万円以上とする。

（受益者）

第17条　本信託の受益者は、委託者Xである。

2　第一次受益者が死亡したときは、第二次受益者として第
一次受益者死亡時の受託者を指定する。

（受益権）

第18条　受益者は、受益権を譲渡または質入れすることはで
きない。

（信託の変更）

第19条　本信託において、委託者および受託者の合意により、
信託の変更をすることができる。

2　本信託において委託者が死亡した後は、信託目的に反し

契約書例6

ないことおよび受益者の利益に適合することが明らかであるときに限り、受託者の書面による意思表示により、信託を変更することができる。

（信託の終了事由）
第20条　本信託は、次の事由により終了する
　（1）　受益者全員の死亡
　（2）　受託者全員の死亡
　（3）　信託法に定める終了事由が生じたとき（ただし、法第164条は除く）

（清算事務）
第21条　清算受託者として次の各号により指定する。
　（1）　前条第1号の場合　本信託終了時の受託者
　（2）　前条第2号の場合　委託者
　（3）　前条第3項の場合　本信託終了時の受託者（ただし、受託者が存しない場合は委託者）
2　清算受託者は、信託清算事務を行うにあたっては、本信託の契約条項および信託法令に従って事務手続を行うものとする。

（帰属権利者）
第22条　本信託の帰属権利者として次の各号により指定する。
　（1）　第20条第1号の場合　受益者死亡時の受託者
　（2）　第20条第2号の場合　委託者
　（3）　第20条第3号の場合　委託者（ただし、委託者が存しない場合は受託者）

信託財産目録

1　土　地
（1）　所　　在　広島市○区○○町○丁目
　　　　地　　番　○番○
　　　　地　　目　田
　　　　地　　積　○○、○○㎡
2　預　金
　　○○銀行○○支店
　　口座番号１２３４５６７

債務目録

　○年○月○日付け金銭消費貸借契約に基づく貸金返還債務

契約書例6

7 法務・税務・登記の観点からのコンメンタール

○ 第1条（信託の目的）

◎◎ 法務

委託者であるＸとしては、子どもたちにできるだけ多くの財産を引き継いでもらうために、時には融資を受けて相続税対策をしてほしいという思いも持っています。ところが、本契約書の目的にあがっている内容からはそのことは読み取れません。

どのような思いで、何を叶えるために信託をするのかという目的について、可能な限り具体化しておくことが望ましいですし、次に述べるとおり、税務上もそうしておいたほうが良いと思われます。ストレートに節税はできません。

◎◎ 税務

税務は基本的に実態に基づいて課税されるという根本的な考えがあります。しかしながら、信託内借入に関しては、形式的にも信託に基づく融資について、例えば受託者が借り入れた債務が果たして何のためのものなのか、それが委託者の意思に基づくものなのか等、「信託の目的」との関連性も明確にしておくことが必要です。

そういう意味では、目的において「必要に応じて受託者が融資を受けて建物を建築することで、次の代へ当該財産を承継すること」というような内容を盛り込んでおいたほうが望ましいでしょう。

○ 第3条（信託財産－金銭）について

[1] 第1項

◎◎ 法務

これまでも何度か触れているとおり、信託の対象は「預金」ではな

く、金銭です。そのことが明確になるような規定が望ましいです。

> （例）　委託者は、受託者に対し、金○円を信託する。

なお、現在の民法においては、預金は譲渡禁止がついているため信託できないとなっていますが、改正後の民法においてその取扱いがどうなるかなどについてもフォローしておくことが必要です。

［2］第2項

実際は、賃借人から預かっていた敷金を費消してしまい、既に委託者の口座に残っていない場合もかなりあります。その場合も敷金相当額は必ず信託口座に入れておくことが重要です。現在、賃借人が退去した後の原状回復費は、以前と違い家主側の負担になる割合が増えてきています。特に戸数が多い場合や、長期で賃貸している賃借人が多いアパート等の場合は、信託財産の中から敷金の返還ができなくなってしまうリスクがあります。

○　第5条（信託の追加）

◎◎法務

世に出回っている契約書のひな型には、本契約書と同様「委託者は、受託者の同意を得て、金銭を本信託に追加することができる」と定められているものも多く、それをそのまま使っている方も多いかと思います。

ところが、信託法のどこを見ても、「追加信託」というものはありません。追加信託とは何なのでしょうか。

信託というのは、委託者固有の財産を切り出して、受託者に管理させるものの、その管理される財産である信託財産は「誰のものでもない財産」になるといわれます。つまり、信託をした段階であたかも別人格のような（法人格がないため人格はない）財産の塊を作るような形になります。

そして追加信託というのは、その塊に財産を追加することを意味することが多いと思います。「追加信託とは何か」「追加信託の定めはどうあるべきか」ということについては、一度詳しく掘り下げて検討してみると面白いと思います。例えば、「委託者は、不動産を追加信託できる」という定めがあれば、委託者の判断能力が喪失後も、この定めに基づいて追加信託することができるのかどうか、ということなどが議論されたりしています。私見としては追加信託も法律行為であるため、追加信託時に行為能力が必要であると考えます。

○ 第6条（債務引受、信託財産責任負担債務および借換え）

[1] 第1項

◎◎ 法務

債務引受けについては、金融機関によって対応が異なる部分になりますので、実際に案件がある場合には相談しながら進めていく必要があります。今回のように、どちらでもいけるような定めの仕方も一つのやり方だと思います。

[2] 第2項

信託財産責任負担債務化の規定です。

信託法21条1項3号には、「信託前に生じた委託者に対する債権であって、当該債権に係る債務を信託財産責任負担債務とする旨の信託行為の定めがあるもの」が信託財産責任負担債務になると定めています。本契約書の条項のように、既存の債務が信託財産責任負担債務となることを盛り込むことで、当該債務を信託財産責任負担債務化することができます。裏を返せば、この条項がない場合には、担保の実行以外の方法で既存の債務をもとに、信託財産にとってかかることができなくなるため、金融機関としてはこの規定を欲

しがる傾向が多いと思われます。

［3］第3項

　少し面白い条文です。受託者が借入れを行って既存の債務を弁済することができるとしていますが、その際に「債務目録記載1の債務の借入条件より有利な条件」という制限を付けています。

　この制限は結構難しい問題を起こします。例えば、この有利な条件とは何でしょうか。同じ期間であれば、金利が安くなればそれでよいと思うのですが、10年で1.5％の金利だったものを20年で1.6％にすることは不利な条件といえるかというと、必ずしもそうとはいえません。また変動金利の場合はどうなのか、などの疑義も生じます。

　なお、本条においては、信託内借入を想定した定めが置かれていません。信託法21条1項5号により当然に信託内借入は信託財産負担債務になるという考えも強いですが、明確にするためには信託契約においてそのことを明記しておくのもよいでしょう（信21①三参照）。

○　第8条（委託者の地位）
◎◎ 税務

　登録免許税との関係でこのような記載を入れることが増えてきています。なぜこのような条項を入れるのかについては、**コラム5「委託者の地位の承継と登録免許税および不動産取得税」**（P.91）を参照ください。

○　第10条（受託者の信託事務）
◎◎ 法務

　信託法26条に「受託者は、信託財産に属する財産の管理又は処分及びその他の信託の目的の達成のために必要な行為をする権限を有

する。ただし、信託行為によりその権限に制限を加えることを妨げない」と定めがあるとおり、受託者は信託契約等に別段の定めがなければ信託目的のために必要な行為をすることができることになっています。

　よって、法務の観点からすると、受託者の信託事務が細かく書いていなくても問題はない、といえそうです。

　しかしながら実務においては、受託者が、何ができるのかしっかりと明記されていないと対応してもらえないこともままあります。その代表例は、受託者による借入れや担保の設定などです。おそらく多くの金融機関では、受託者にこれらの権限があることが明記されていることを求めてくると思います。金融機関の担当者からすれば、契約書にそう明記してあるほうがわかりやすいですし、安心できることから、契約書を作成する専門家の側でもあらかじめそのあたりのことはやりとりしながら対応していくことが望ましいと思われます。

　このテーマで思い出されるのは、遺言執行者の権限についてです。民法上は遺言執行者には包括的な権限があるのですが、金融機関によっては遺言執行者の権限を明記していなければ対応しないというところもありました。そのため、公正証書遺言を作成するときには、遺言執行者の権限を明記している人も多いのではないかと思いますが、それと同じ感覚です。

　なお、今回の民法改正でこのあたりのことも少しフォローされていますので確認してみてください。

　さて、本契約書では、借入れのことが盛り込まれていません。実際に想定される権限は明記しておくのが望ましいですし、盛り込めない理由もないと思いますので、入れたほうがよいでしょう。あわせて、その借入債務が信託財産責任負担債務になることも定めておいたほうがよいと思われる３つの根拠については、第６条の解説を参照ください。なお、税務については後述します。

○　第16条（信託報酬）

◎◎ 法務

　家族信託では信託報酬を定めないことが多いかもしれませんが、実際の業務に負担が生じる場合などはそれに見合った報酬は支払われても問題ないと思います。

　特に本事案のように信託内借入をして、例えば部屋数の多いアパートを建築した場合、管理会社を付けないと実際に受託者の負担は相当なものとなります。また委託者の推定相続人が複数いる場合、推定相続人の一人である受託者が、委託者の財産の保全や結果的に相続税対策もしている場合もあるので、その対価として一定の報酬が支払われるほうが普通な気もします。

　ただし、この条文は定め方に問題があります。「月額10万円以上」とあるため、いくらでも支給ができてしまいます。幅を持たせる場合、「10万円以内」と上限を決めるのはよいですが、下限を決めて青天井とするのは不適切です。

　また、受託者の報酬を経費として認識できるか否かについては同一生計か否か、また、不相当に高額ではないかなどを確認する必要があります。

　受益者連続型信託など信託期間が長期にわたる場合、円の価値の変動にも考慮する必要があります。ある程度の上限を決め幅を持たせるか、信託報酬が変更できるような条文の設定にしておくのも一つの方法だと思います。

○　第17条（受益者）

◎◎ 法務　　**◎◎ 税務**

　第2項で、受託者を二次受益者としているのはおそらく相続税の債務控除を意識してのことだと思われます。これは、相続税法9条から読み解くと、信託において生じた債務を相続税の債務控除とするためには、信託が続いていることが必要なのではないのかといっ

た一定の見解があります。そのため、本事案では委託者兼当初受益者が死亡した場合に、直ちに信託終了とするのではなく、一旦クッションを挟んで、受託者を受益者とし、1年ルールで信託を終わらせているのだろうと思われます。

　家族信託と相続税の債務控除については、前にも述べたとおり、現段階では不明瞭な論点があり専門家の間でも様々な見解があるため、同じような流れになるスキームでも、各専門家の判断で契約書の規定ぶりを各案件に合わせたものにするなどの注意が必要です。

　家族信託を含む債務控除の詳細に関しては、後述しています。

○　第19条（信託の変更）

◎◎ 法務

　この条項だと、委託者の判断能力がなくなった後、信託の変更ができなくなりますが、それで問題がないか、というところを考えておく必要があります。

　また、金融取引が生じる場合、金融機関においては受託者が勝手に変わったり、信託契約の内容が勝手に変わったりすることは望ましくないということで、それらに金融機関の同意を入れることを求めてくるところもあります。このあたりのことについてもしっかりと注意をしておくことが必要です。

○　第20条（信託の終了事由）

◎◎ 法務

　第3号のただし書きで「法164条は除く」となっています。最近このような例が増えてきています。どういうことかというと、自益信託の場合、信託法164条によって、委託者兼当初受益者はいつでも信託を終了できるようになっています。つまり、委託者兼当初受益者の一存で「やっぱりやめます」というのがいつでも可能ということです。それでは取引の安全等を害されることから、164条の適

用を排除しているということです。

○　信託財産目録
◎◎登記

「田」は単純には信託できません。

現況が駐車場なので安心をしていたところ、登記簿をとったら地目が「田」だったということは決してないことではありません。

このケースでも、アパートに適したような土地ということなので、現況は農地ではなかったかもしれませんが、登記簿を確認して、地目が農地であればその変更手続をするのを失念しないようにする必要があります。

補足：相続税の債務控除の論点

（1）債務控除について

家族信託の相談を受けていると、アパートのような収益物件を信託財産に入れて管理を任せたいといった相談もあります。そのような収益物件を信託する際に、建物や宅地といった不動産とともに、金融機関の借入れが債務として残っている場合がしばしばあります。

このように債務がある場合にプラスの財産のみに着眼して課税を行ったのでは、実際に得た正味の経済的な利益に見合った担税力はありません。相続税の計算では、プラスの財産だけでなくマイナスの財産もある場合には、被相続人が残した借入金等のマイナスの財産である債務を遺産総額（相続時精算課税でもらった財産も加算する）から控除して、相続税額を計算します。

まずは原則的な債務控除の流れを確認していきたいと思います。

（2）債務控除の範囲

①　債　務

　控除ができる債務は、被相続人が死亡した時に存在する債務で、確実と認められるものに限られます。代表的なものは、金融機関に対する借入金、未払医療費、亡くなる直前の各業者の未払金等になります。さらに、所得税の準確定申告等の被相続人に課される税金で被相続人の死亡後に相続人等が納付することになる税金に関しては、被相続人が死亡した時に確定していないものであっても差し引くことができます。このように、基本的に相続開始日時点で確定している債務を中心に債務控除が構成されます。

　ただし、亡くなった後で発生する費用である相続関連手続費用の弁護士、司法書士、税理士等に支払う報酬や、相続人などを原因とする延滞税等、また墓地等の非課税財産に係る債務は差し引くことはできません。

　また、被相続人が死亡した時に存在する債務で、確実と認められるものに限定されているため、保証債務のような現時点で被相続人の債務として確定していないものは、債務控除の対象となりません。しかし、保証人がその債務を履行しなければならない場合で、主たる債務者に求償権を行使しても弁済を受ける見込みのないときは、その弁済不能金額は債務控除の対象となります。

②　葬式費用

　葬式費用は債務ではありませんが、相続に際し発生する費用であり、相続税を計算するときは遺産総額から差し引くことができます。

　葬式費用として控除ができるものの範囲は次のとおりです。

　（ａ）　葬式や葬送に際し、またはそれらの前に行われる、埋葬、火葬等または遺骨の回送その他費用（仮葬式と本葬式

とを行うものは両方の費用を含む）

（ｂ）　葬式に際し、施与した金品で、被相続の職業等に照らし相当と認められるものに使用した費用

（ｃ）　上記（ａ）および（ｂ）のほか、葬式の前後に生じた出費で通常葬式に必要と認められるもの

（ｄ）　死体の捜索または死体もしくは遺骨の運搬費用

また、以下のような費用は葬式費用としては取り扱われず、控除対象にはなりません。

（ａ）　香典返戻費用

（ｂ）　墓碑および墓地の買入費ならびに墓地の借入料

（ｃ）　初七日等の法会に要する費用

（ｄ）　医学上または裁判上の特別の処置に要した費用（死因解剖など）

（3）債務控除の対象者

債務控除の対象者は、次の（ａ）または（ｂ）に該当し、かつ、その債務などを負担することになる相続人または包括受遺者（相続時精算課税で財産をもらった人も含む）になります。

（ａ）　相続または遺贈で財産を取得した時に、日本国内に住所がある人（一時居住者で、かつ、被相続人が一時居住被相続人または非居住被相続人である場合を除く）

（ｂ）　相続または遺贈で財産を取得した時に、日本国内に住所がない人で、次のいずれかにあてはまる人

　　イ　日本国籍を有しており、かつ、その人が相続開始前10年以内に日本国内に住所を有していたことがある人

　　ロ　日本国籍を有しており、かつ、相続開始前10年以内に日本国内に住所を有していたことがない人（被相続人が、一時居住被相続人または非居住被相続人である場合を除く）

ハ　日本国籍を有していない人（被相続人が、一時居住被
　　　相続人、非居住被相続人または非居住外国人である場合
　　　を除く）

●相続税法13条、14条

（債務控除）

第13条　相続又は遺贈（包括遺贈及び被相続人からの相続人に対する
　　遺贈に限る。以下この条において同じ。）により財産を取得した者
　　が第1条の3第1号又は第2号の規定に該当する者である場合にお
　　いては、当該相続又は遺贈により取得した財産については、課税価
　　格に算入すべき価額は、当該財産の価額から次に掲げるものの金額
　　のうちその者の負担に属する部分の金額を控除した金額による。
　一　被相続人の債務で相続開始の際現に存するもの（公租公課を含
　　　む。）
　二　被相続人に係る葬式費用
　2　相続又は遺贈により財産を取得した者が第1条の3第3号又は第
　　四号の規定に該当する者である場合においては、当該相続又は遺贈
　　により取得した財産でこの法律の施行地にあるものについては、課
　　税価格に算入すべき価額は、当該財産の価額から被相続人の債務で
　　次に掲げるものの金額のうちその者の負担に属する部分の金額を控
　　除した金額による。
　一　その財産に係る公租公課
　二　その財産を目的とする留置権、特別の先取特権、質権又は抵当
　　　権で担保される債務
　三　前二号に掲げる債務を除くほか、その財産の取得、維持又は管
　　　理のために生じた債務
　四　その財産に関する贈与の義務
　五　前各号に掲げる債務を除くほか、被相続人が死亡の際この法律
　　　の施行地に営業所又は事業所を有していた場合においては、当該
　　　営業所又は事業所に係る営業上又は事業上の債務
　3　前条第1項第2号又は第3号に掲げる財産の取得、維持又は管理
　　のために生じた債務の金額は、前二項の規定による控除金額に算入
　　しない。ただし、同条第2項の規定により同号に掲げる財産の価額
　　を課税価格に算入した場合においては、この限りでない。

第14条　前条の規定によりその金額を控除すべき債務は、確実と認められるものに限る。

2　前条の規定によりその金額を控除すべき公租公課の金額は、被相続人の死亡の際債務の確定しているものの金額のほか、被相続人に係る所得税、相続税、贈与税、地価税、再評価税、登録免許税、自動車重量税、消費税、酒税、たばこ税、揮発油税、地方揮発油税、石油ガス税、航空機燃料税、石油石炭税及び印紙税その他の公租公課の額で政令で定めるものを含むものとする。

（4）家族信託において債務がある場合の留意点

　以下では、家族信託における債務控除について説明していきますが、このテーマは今まさに議論をされているテーマで未確定な部分が多いものです。現時点ではこう考えるのが適切であるという考えに基づいて記載していますが、状況が日々変わるテーマになりますので、その時点での最新の見解を確認する必要性が強いため、その旨を冒頭に補足させていただきます。

①　既存の債務の承継について

　アパートのような収益物件を信託財産に入れて管理を任せたいときには、家族信託の話を進めていく前に収益物件と対応する金融機関の借入れの有無を確認しておく必要があります。

　なぜ最初に金融機関の借入れの有無を確認するのかというと、次のような問題を事前に検討する必要があるからです。

　まず、その借入金の融資を行っている金融機関が、債務者である委託者から受託者への債務引受の手続きに対応できるか否かを確認する必要があります。この部分がなかなか現状では解決することが難しい地域も多く、地元金融機関では対応できない場合があります。対応できない場合は、家族信託で対応するのではなく、その目的を達成することができる遺言等で対策を検討する

か、現在の資産状況で可能であればその債務の一括弁済を検討するか、または債務引受に対応できる金融機関に借換えをする等の検討が必要になります。

実際に地元の金融機関でスムーズに対応してもらいやすいケースというのは、そもそも受託者予定者が連帯債務者として入っているケースや、債務者には入っていない場合でも債務の連帯保証人になっている場合などです。

また、特に債務がある場合の信託については、万が一の場合、受託者個人の財産にも影響が及ぶ可能性があるため、もともと委託者と連帯債務者の関係もしくは連帯保証人の関係にないと、及び腰になってしまう受託者候補の方も多いです。

収益物件を建築する場合や、もともと複数の収益物件を所有している委託者の場合、確かに不動産収益はあるものの、債務額が数億から数十億という場合も珍しくありません。

② 税務上の債務控除

税務の論点では債務控除の問題があります。家族信託は節税には何ら影響がないという話をよく聞きますが、債務の控除ができないといったことで反対に増税になっては困ります。

アパート等の不動産賃貸事業をされている方は、資産を多く保有し相続税対策を目的として始めた方も多くいるため、納税額に影響を与える論点はどのような結果となるのかを検討するなどの慎重な対応が求められます。

まず、前述した債務控除の論点にあるように債務控除の対象者は、「相続または遺贈により財産を取得した相続人」と「包括受遺者」に限定されています。

包括受遺者とは包括遺贈を受けた者で、包括遺贈とは遺言で「財産の全部または何分の何を遺贈する」といったように、一定の割合で包括的に行う遺贈のことをいいます。包括受遺者は相続

人と同一の権利義務を有し、被相続人のプラスの財産とマイナス
の財産も承継します。

　また、特定受遺者とは特定遺贈を受けた者で、特定遺贈とは遺
言で「土地をＡに遺贈する」といったように、特定の財産を遺贈
することをいいます。特定受遺者は特定遺贈で財産のみを遺贈す
る場合と、「土地に係る債務を負担することを条件に土地を遺贈
する」といったように財産と債務を遺贈する負担付き遺贈の場合
があります。

　相続人に対する相続や遺贈または相続人以外の人に対する包括
遺贈では、債務を承継した場合には債務控除ができるため問題は
ありませんが、相続人以外の者に特定遺贈をした場合には、債務
控除の対象者ではないため債務を承継したにもかかわらず債務控
除ができないという問題がおきます。また、相続人以外の特定受
遺者が葬式費用等を負担した場合にも、債務控除の対象にはなり
ません。

　ただし、以下の相続税基本通達11の2－7にあるように、「負
担付遺贈があった場合の課税価格の計算」として、このような場
合の救済をしています。

● **相続税法基本通達11の2－7**

（負担付遺贈があった場合の課税価格の計算）

11の2－7　負担付遺贈により取得した財産の価額は、負担がないも
　のとした場合における当該財産の価額から当該負担額（当該遺贈の
　あった時において確実と認められる金額に限る。）を控除した価額
　によるものとする。

　上記のように「負担付遺贈」により取得した財産の価額は、遺
贈された財産からその負担額を控除した額とされます。このた
め、計算上は全く債務控除できないといったことはありません
が、債務控除の対象である葬式費用等の負担がある場合に控除す

ることはできません。

さらに、その負担付遺贈から控除することができる負担額は、特定受遺者が取得したその対象財産の相続税評価額が限度になるため、財産を正確に評価していない場合やアパート等の当初建築時点の情報のままでは、資産の相続税評価額を債務が上回っており結果的に切り捨てになる場合もあります。当初想定した概算の相続税シミュレーション等がある場合は、その金額が変わる可能性が大いにあるため注意が必要です。

家族信託の話に戻ります。一般的に多い事例だと思われる自益信託で委託者兼受益者が死亡した場合に信託が終了するケースで考えてみると、帰属権利者が債務控除できるのかといった懸念が出てきます。以下の相続税法9条の2の4項に該当し、帰属権利者は帰属時に残余財産を前受益者等から遺贈により取得したものとみなされます。

また、同条の6項に資産と負債を取得したものとみなす規定がありますが、これは同条1項から3項までを指しており、該当する同条の4項が対象にはなっていません。このことから一部の専門家の間の見解では、債務控除の適用に疑義が生じるため、このような信託の類型を活用するのは危ないのではないかともいわれています。

しかしながら残余財産について信託法181条を確認すると、帰属権利者は清算受託者から債務を弁済した後の純額の給付を受けることを前提としています。このことから、前述した純額の負担付遺贈と同様と捉えることも、または、実際の実務では債務を清算せずに財産と債務を引き受けるということが通常は想定されるため、帰属権利者が相続人である場合は経済的な実態にあわせて通常どおりの債務控除ができるのではないかとも考えられます。

それに対して、先ほどの事例でもありましたが、いわゆる受益者連続型信託に関しては相続税法9条の2の2項、6項に該当し

ますが、2項で新たな受益者等が信託に関する権利を遺贈により取得したものとみなされ、6項で信託に関する権利を遺贈により取得したものとみなされた者は、その信託財産に属する資産および負債を取得したものとみなすとされています。このことから、前述の債務控除を適用することに特段の疑義はないと考えるのが素直だと思われます。

　本書の事例にもあるように、同じ信託類型でも、一旦は受益者連続にしたうえで適用をしたほうが、債務控除の観点からは安全なのではないかといわれています。

③　信託内借入（受託者借入）について

　受託者が信託の権限内において借入れを行った場合、それが信託財産責任負担債務になることについては前述のとおりですが、当該債務が相続税の債務控除の対象になるかどうかについては議論のあるところです。

　既存の債務の承継のときには、併存的債務引受という形で委託者に債務を残す方法と免責的債務引受という形で受託者が債務を承継し委託者の債務が消滅する方法とあって、相続税の債務控除を受けるには前者のほうがリスクが少ないとされていますが、信託内借入の場合は委託者がすでに判断能力がないケースも多く、後者に近い形になってしまいます。

　今後、債務控除が認められるか否かその場合の要件はどうなるか、について議論が進むことが期待されます。

（5）小　括

　このように家族信託の債務控除の論点については、未だに不明瞭な部分はありますが、相続税法の９条の解釈論のみでなく、相続税法の14条にあるような「確実と認められるもの」の論点なども重要であり、また、それは債務の承継予定者がその債務をどの範囲まで責任を負うのかといった信託財産責任負担債務と、信託財産限定責任負担債務のようなその債務がどの範囲にまでその弁済が及ぶのかといった論点も、各案件ベースで少なからず影響があると考えられます。

　この信託財産責任負担債務と信託財産限定責任負担債務の主な違いは、その債務の責任の負担が信託財産に限定されるか、もしくは受託者等の固有の財産にまで及ぶのかにあります。

　家族信託に対応し金融機関としてのリスクを回避するための一般的な金融実務では、信託財産責任負担債務としての取扱いが中心となる事例が多いと思われます。これは税務の論点からも債務の確実性という観点からも合理性があると思われます。例えば、委託者である推定被相続人が負っている借入れを、推定相続人である子が借入金の連帯保証人でもあり、受託者の場合で最終の帰属権利者でもある場合に、信託財産責任負担債務は受託者の固有財産にも責任が及ぶ債務であることから、その債務負担は確実と認められるものといえます。

　また、その帰属権利者である受託者が帰属時に債務引受け等で負う借入等であるため、相続税法の９条の解釈論のみでは相続税法の９条の２の４項が問題視されていますが、このようなことからも、債務の控除自体に特段の疑義がないようにも考えられます。

　しかしながら、これらの債務控除の論点に関しては、今のところ、行政の見解や裁判例等がないテーマですので、今後の実務上

の情報の集積が望まれるところです。

　このような現状の中で可能な限りリスクを最小限にとどめ、依頼された案件に対応していく必要があります。今後の動向を追いかけながら、依頼者に対し変化していく情報を伝えていくことが求められます。

●相続税法9条の2

（贈与又は遺贈により取得したものとみなす信託に関する権利）

第9条の2

2　受益者等の存する信託について、適正な対価を負担せずに新たに当該信託の受益者等が存するに至った場合（第4項の規定の適用がある場合を除く。）には、当該受益者等が存するに至った時において、当該信託の受益者等となる者は、当該信託に関する権利を当該信託の受益者等であった者から贈与（当該受益者等であった者の死亡に基因して受益者等が存するに至った場合には、遺贈）により取得したものとみなす。

4　受益者等の存する信託が終了した場合において、適正な対価を負担せずに当該信託の残余財産の給付を受けるべき、又は帰属すべき者となる者があるときは、当該給付を受けるべき、又は帰属すべき者となった時において、当該信託の残余財産の給付を受けるべき、又は帰属すべき者となった者は、当該信託の残余財産（当該信託の終了の直前においてその者が当該信託の受益者等であった場合には、当該受益者等として有していた当該信託に関する権利に相当するものを除く。）を当該信託の受益者等から贈与（当該受益者等の死亡に基因して当該信託が終了した場合には、遺贈）により取得したものとみなす。

6　第1項から第3項までの規定により贈与又は遺贈により取得したものとみなされる信託に関する権利又は利益を取得した者は、当該信託の信託財産に属する資産及び負債を取得し、又は承継したものとみなして、この法律（第41条第2項を除く。）の規定を適用する。

●信託法181条

（債務の弁済前における残余財産の給付の制限）
第181条　清算受託者は、第177条第2号及び第3号の債務を弁済した後でなければ、信託財産に属する財産を次条第2項に規定する残余財産受益者等に給付することができない。ただし、当該債務についてその弁済をするために必要と認められる財産を留保した場合は、この限りでない。

第 ③ 章

信託に関する税務
の手続きと
不動産所得の注意点

　本文において、家族信託の税務の手続きについては省略して解説しましたので、ここでまとめて記載します。

　家族信託においては、一定の場合に、税務署に書類等を提出しなければなりません。このあたりのことがなかなかわかりにくいという相談もあるため、以下ではその内容を整理してみましたので、参考にしてください。実際に提出する様式を掲載しています。

1 受託者が提出する税務書類と 受益者への報告等

（1）受託者が提出する税務書類

　信託の設定をして効力が発生した場合には、受託者に様々な業務が発生しますが、その業務の一部である税務書類の提出等の流れを時系列で確認します。

◆受託者の提出・報告から受益者の申告までの流れ

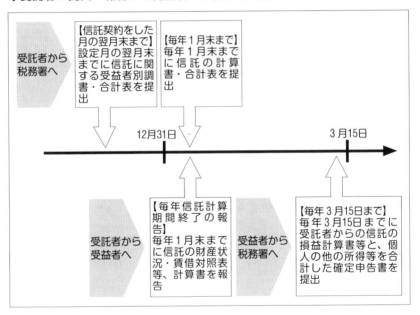

　まず、信託を設定して効力が発生した際に、受託者は「信託に関する受益者別調書」（参考書類1）と「信託に関する受益者別調書合計表」（参考書類2）を、受益者別に、受託者の所在地の所轄税務署長に、各事由が生じた日の属する月の翌月末日までに提出しなけれ

参考書類1：信託に関する受益者別（委託者別）調書

信託に関する受益者別（委託者別）調書

受益者特定委託者又は委託者	住所（居所）		氏名又は名称	
			個人番号又は法人番号	
	又は		氏名又は名称	
			個人番号又は法人番号	
	所在地		氏名又は名称	
			個人番号又は法人番号	

信託財産の種類	信託財産の所在場所	構造・数量等	信託財産の価額

信託に関する権利の内容	信託の期間	提出事由	提出事由の生じた日	記号番号
	自　・・　至　・・			

（摘要）

（令和　年　月　日提出）

受託者	所在地又は住所（居所）	
	営業所の所在地等	（電話）
	名称又は氏名	（電話）
	法人番号又は個人番号	

整理欄	①	②

○個人番号又は法人番号欄に個人番号（12桁）を記載する場合には、右詰で記載します。

358

参考書類2：信託に関する受益者別（委託者別）調書合計表

令和　年　月分　信託に関する受益者別（委託者別）調書合計表

提出事由	信託財産の種類	提出枚数	受益者数	特定委託者数	委託者数	信託財産の価額
効力発生	□金銭　□有価証券　□金銭債権　□不動産　□その他（　）	枚	人		人	円
受益者変更	□金銭　□有価証券　□金銭債権　□不動産　□その他（　）					
信託終了	□金銭　□有価証券　□金銭債権　□不動産　□その他（　）					
権利内容変更	□金銭　□有価証券　□金銭債権　□不動産　□その他（　）					
	計					

（摘要）

○　提出媒体欄には、コードを記載してください。（電子=14、FD=15、MO=16、CD=17、DVD=18、書面=30、その他=99）
（注）　平成27年12月以前の合計表を作成する場合には、「個人番号又は法人番号」欄に何も記載しないでください。

（用紙　日本産業規格A4）

291

ばなりません。

　なお、信託を設定し効力が発生したときのみでなく、受益者が変更になったとき、信託が終了したとき、信託の権利の内容が変更されたときも、翌月末までに提出が必要になります。

　しかし、各事由が発生したすべての場合について提出が必要になるわけではなく、相続税法59条3項、相続税法施行規則30条7項にあるように、次のような場合などは提出する必要はありません。

　【提出が不要な場合】

> ・信託財産の相続税評価額が50万円以下である場合
> ・設計時に委託者と受益者が同一である場合
> ・信託の終了の直前の受益者が、受益者等として有していた権利に相当する当該信託の残余財産の給付を受け、または帰属する者となる場合
> ・終了時に残余財産がない場合　など

　これらを見る限り、一定額以上の経済的な利益が動いた場合に報告が必要だという共通点があります。税務の視点としては、一貫して経済的な利益の移転を重要視していることがわかります。この視点を持っておくことで、おおよその提出の必要の有無がわかるかと思います。

　次に、受託者は「信託の計算書」（参考書類3）と「信託の計算書合計表」（参考書類4）を、受託者の所在地の所轄税務署長に毎年翌年の1月31日までに提出しなければなりません。

　これは税理士業界では一般的な業務である法定調書の提出期限と同様ですので、税理士が業務を受任している場合は他の法定調書と同じタイミングで対応するとわかりやすいと思います。逆に、一般の方が単独で受託者業務に対応する場合は、専門家等が支援して信託契約を組成してからしばらくの期間が空くことになる可能性があるため、提出を失念する可能性があり、注意が必要です。そのような場合専門家は、提出が必要な旨を伝える等の対応が必要になります。

参考書類３：信託の計算書

<table>
<tr><td colspan="6" align="center">信　託　の　計　算　書
（自　　　年　　月　　日　至　　　年　　月　　日）</td><td></td></tr>
<tr><td rowspan="2">信託財産に帰せられる
収益及び費用の受益者等</td><td>住所（居所）又は所在地</td><td colspan="3"></td><td rowspan="16">○番号」欄に個人番号（12桁）を記載する場合には、右詰で記載します。</td></tr>
<tr><td>氏　名　又　は　名　称</td><td colspan="2"></td><td>番号</td></tr>
<tr><td rowspan="2">元本たる信託財産の
受　益　者　等</td><td>住所（居所）又は所在地</td><td colspan="3"></td></tr>
<tr><td>氏　名　又　は　名　称</td><td colspan="2"></td><td>番号</td></tr>
<tr><td rowspan="2">委　　託　　者</td><td>住所（居所）又は所在地</td><td colspan="3"></td></tr>
<tr><td>氏　名　又　は　名　称</td><td colspan="2"></td><td>番号</td></tr>
<tr><td rowspan="3">受　　託　　者</td><td>住所（居所）又は所在地</td><td colspan="3"></td></tr>
<tr><td>氏　名　又　は　名　称</td><td colspan="3">（電話）</td></tr>
<tr><td>計算書の作成年月日</td><td colspan="2">　　年　　月　　日</td><td>番号</td></tr>
</table>

信託の期間	自　　　年　　月　　日 至　　　年　　月　　日	受益者等 の異動	原　　因	
信託の目的			時　　期	

受益者等に 交付した 利益の内容	種　　類		受託者の 受けるべき 報酬の額等	報酬の額又は その計算方法	
	数　　量			支払義務者	
	時　　期			支払時期	
	損益分配割合			補てん又は 補足の割合	

収　益　及　び　費　用　の　明　細				
収　益　の　内　訳	収　益　の　額 千　　円	費　用　の　内　訳	費　用　の　額 千　　円	
収 益		費 用		
合　　計		合　　計		

資　産　及　び　負　債　の　明　細				
資産及び負債の内訳	資産の額及び負債の額 千　　円	所　在　地	数　量	備　考
資 産				
合　　計		(摘要)		
負 債				
合　　計				
資産の合計−負債の合計				

整　理　欄	①	②		357

参考書類４：信託の計算書合計表

信託財産の種類	件　数	収　益　の　額	費　用　の　額	資　産　の　額	負　債　の　額
金　　　銭	件	円	円	円	円
有　価　証　券					
不　動　産					
そ　の　他					
計					

（摘　要）

○　提出媒体欄には、コードを記載してください。（電子＝14、FD＝15、MO＝16、CD＝17、DVD＝18、書面＝30、その他＝99）
（注）　平成27年12月31日以前に開始する事業年度に係る合計表を作成する場合（信託会社以外の受託者にあっては、平成28年12月31日以前にこの合計表を提出する場合）には、「個人番号又は法人番号」欄に何も記載しないでください。

（用紙　日本産業規格　Ａ４）

　しかし、計算書に関してもすべての信託について提出が必要というわけではなく、その信託の収益の額の合計が３万円（計算期間が１年に満たない場合は１万５千円）以下の場合は、信託の計算書を提出する必要はありません。

　言い換えると、賃貸アパート等のように毎年度収益を生み出すような不動産の信託の場合には３万円を超えることになると思いますが、自宅の信託等で信託の収益が生じないような場合には提出が不要になります。

（２）受託者➡受益者の報告から受益者の確定申告

　受託者は所轄税務署長に税務書類を提出しますが、信託法37条にもあるように、受益者に対しても、信託事務に関する計算と信託財産に属する財産および信託財産責任負担債務の状況を明らかにする

必要があります。

　また、信託財産に係る帳簿等を作成し、毎年1回、信託契約で定める一定の時期に、貸借対照表・損益計算書を作成し、その内容について受益者（信託管理人が現に存する場合にあっては、信託管理人）に報告しなければなりません。

　信託契約には、「信託の計算」という条項を設けます。信託契約中の計算期間と受益者の個人の所得税の確定申告の計算期間を合わせることで、受託者の計算実務の煩雑さを防ぐことができます。「毎年1月1日から同年12月31日までとする」などと両方の計算期間を合わせることが基本になります。

　本書でもこの計算期間等を「毎年1月1日から同年12月31日までを計算期間とし、（中略）その後1カ月以内に信託財産の状況に関する報告書および信託計算書を作成し、これを受益者（または受益者の成年後見人）へ報告するものとする。」とあり、このように設定しておくと、受益者への報告が必要である貸借対照表・損益計算書等の信託報告書と税務署への提出が必要である信託計算書等を、失念することなく同時に作成し提出報告することができます。

　受益者の信託収益に関する所得税の確定申告書の提出期限は毎年3月15日で、受託者から報告を受けた貸借対照表・損益計算書をもとに、受益者が申告・納付することになります。

　また、信託以外の不動産所得などがある場合は、これとは別に、通常の確定申告書の所得を構成する収益に関する貸借対照表・損益計算書を作成しなければなりません。

　これらをまとめて、それぞれの貸借対照表・損益計算書を添付して、所得税の確定申告を行うことになります。

　信託契約を複数設定している場合は、契約ごとに貸借対照表・損益計算書を作成する必要があります。

（3）確認事例

イメージをつかんでいただくため、事例で確認します。

［設　定］

・委託者：瀬戸内　花子（母）
・受託者：瀬戸内　太郎（子）

　　瀬戸内花子と別居しており、受託者として管理・清掃等を行い、年額６万円の受託者報酬を受領する。

・受益者：瀬戸内　花子（母）
・信託財産：収益駐車場（所得税法上の事業的規模ではない）
・駐車場の借主：中国建設株式会社
・賃料：月額100,000円（年額1,200,000円）
・年間の固定資産税：90,000円

　まず受託者が税務署に提出する「信託に関する受益者別調書」（**参考書類１**）と「信託に関する受益者別調書合計表」（**参考書類２**）がありますが、今回の事例では委託者と受益者が同一人であるため、提出は不要です。

　次に、受託者は、信託損益の１年間の報告書である「信託の計算書」（**書類作成例①**）と「信託の計算書合計表」（**書類作成例②**）を記載し、受託者の所在地の所轄税務署長に毎年翌年の１月31日までに提出しなければなりません。事例では、信託の収益の額の合計が３万円を超えているため、提出が必要になります。

●書類作成例①

信　託　の　計　算　書
(自 **令和 3** 年 **1** 月 **1** 日　至 **令和 3** 年 **12** 月 **31** 日)

信託財産に帰せられる収益及び費用の受益者等	住所 (居所) 又は所在地	香川県高松市▲▲町○○	
	氏 名 又 は 名 称	瀬戸内　花子	番 号
元本たる信託財産の受 益 者 等	住所 (居所) 又は所在地	香川県高松市▲▲町○○	
	氏 名 又 は 名 称	瀬戸内　花子	番 号
委 託 者	住所 (居所) 又は所在地	香川県高松市▲▲町○○	
	氏 名 又 は 名 称	瀬戸内　花子	番 号
受 託 者	住所 (居所) 又は所在地	香川県高松市▲▲町××	
	氏 名 又 は 名 称	瀬戸内　太郎　(電話)	
	計算書の作成年月日	令和 4 年 1 月 15 日	番 号

○番号欄に個人番号又は法人番号を記載する場合には、右詰で記載します。

信託の期間	自 令和 3 年 1 月 1 日　至 令和 3 年 12 月 31 日	受益者等の 異 動	原 因	—
			時 期	—
信託の目的	信託財産を適正に管理・運用・処分し受益者の生活の支援を目的とする。			

受益者等に交付した利益の内容	種 類	賃料収入	受益者の受けるべき報酬の額等	報酬の額又はその計算方法	年額60,000円
	数 量	月額100,000円 (年額1,200,000円)		支 払 義 務 者	瀬戸内　花子
	時 期	毎月月末		支 払 時 期	令和 3 年12月25日
	損益分配割合	—		補てん又は補足の割合	

収 益 及 び 費 用 の 明 細

収 益 の 内 訳	収 益 の 額	費 用 の 内 訳	費 用 の 額
賃地 (○○県△△市)	1 200 000	租税公課	90 000
		受託者報酬	60 000
合 計	1 200 000	合 計	150 000

資 産 及 び 負 債 の 明 細

資産及び負債の内訳	資産の額及び負債の額	所 在 地	数 量	備 考
賃地 (○○県△△市)	20 000 000	○○県△△市	1	
預金 (信託口)	500 000			
合 計	20 500 000	(摘要)		
負債 合 計				
資産の合計−負債の合計	0			

整 理 欄	①	②

357

●書類作成例②

自 令和3 年 1 月 1 日 至 令和3 年 12 月 31 日	信 託 の 計 算 書 合 計 表	処理事項	通信日付印	検 収	整理簿登載	身元確認

税務署受付印

提出者	住所(居所)又は所在地	香川県高松市▲▲町×× 電話(－)	整理番号
個人番号又は法人番号		提出媒体	本店一括	有・無
フリガナ 氏名又は名称	瀬戸内 太郎	作成担当者	瀬戸内 太郎
フリガナ 代表者氏名印	瀬戸内 太郎 ㊞	作成税理士署名押印	税理士番号( ) ㊞ 電話(－)

令和 年 月 日提出 税務署長 殿

信託財産の種類	件 数	収 益 の 額	費 用 の 額	資 産 の 額	負 債 の 額
金　　銭	1 件	円	円	500,000 円	円
有 価 証 券					
不　動　産	1	1,200,000	150,000	20,000,000	
そ　の　他					
計	2	1,200,000	150,000	20,500,000	

(摘 要)

○ 提出媒体欄には、コードを記載してください。(電子=14、FD=15、MO=16、CD=17、DVD=18、書面=30、その他=99)
(注) 平成27年12月31日以前に開始する事業年度に係る合計表を作成する場合(信託会社以外の受託者にあっては、平成28年12月31日以前にこの合計表を提出する場合)には、「個人番号又は法人番号」欄に何も記載しないでください。

(用紙 日本産業規格 A4)

　また、受託者から信託の損益の報告を受けて、受益者が税務署に申告・納税を行うための「信託収益に関する所得税の確定申告書」の記載に関しては、**書類作成例③－1**のようになります。このような事例以外にも様々なケースの申告が想定されるため、案件に応じた各専門家の支援が必要になります。

●書類作成例③-1

【信託財産】

令和4年3月10日

FA3200

令和[3][ ]年分所得税青色申告決算書（不動産所得用）

住所	香川県高松市木太町○○
職業	【信託財産】不動産賃貸
フリガナ	セトウチ　ハナコ
氏名	瀬戸内　花子
電話番号	

依頼税理士等：事務所所在地／氏名（名称）／電話番号

損益計算書（自[ ][1]月[1]日　至[12]月[31]日）

【収入金額】

	科目	金額（円）
①	賃貸料	1 2 0 0 0 0 0
②	礼金・権利金・更新料	
③		
④	計	1 2 0 0 0 0 0

【必要経費】

	科目	金額（円）
⑤	租税公課	
⑥	損害保険料	
⑦	修繕費	
⑧	減価償却費	
⑨	借入金利子	
⑩	地代家賃	
⑪	給料賃金	
⑫	受託者報酬	6 0 0 0 0

	科目	金額（円）
⑬		
⑭		
⑮		
⑯		
⑰	その他の経費	9 0 0 0 0
	計	1 5 0 0 0 0
⑱	差引金額（④-⑱）	1 0 5 0 0 0 0
⑲	専従者給与	
⑳		
㉑	青色申告特別控除前の所得金額（⑲-⑳）	1 0 5 0 0 0 0
㉒	青色申告特別控除額	1 0 0 0 0 0
㉓	所得金額（㉑-㉒）	9 5 0 0 0 0
	土地等を取得するために要した負債の利子の額	

青色申告特別控除については、「決算の手引き」の「青色申告特別控除」の項を読んでください。

⑳欄が赤字の人で必要経費に算入した土地等を取得するために要した負債の利子がある人は、㉓の金額を書いてください。

●下の欄には、書かないでください。

提出用（令和三年分以降用）

令和 □□ 年分 　[信託財産]

氏名　セトウチ ハナコ　瀬戸内 花子

管理番号　FA3225

○不動産所得の収入の内訳（書ききれないときは、適宜の用紙に書いて決算書の用紙に添付してください。）

用途 貸地、貸家等の別	不動産の所在地	賃借人の住所・氏名	賃貸契約期間	貸付面積 平方メートル	本年中の賃貸料 月額	本年中の賃貸料 年額	本年中の収入金額 礼金・権利金・更新料	本年中の収入金額 名義書換料・その他	保証金・敷金等 （期末残高）
[信託財産] 貸地	○○県△△市	中国建設株式会社	自令和3・1月 至令和3・12		100,000	1,200,000			
						1,200,000			
計						1,200,000			

○給料賃金の内訳

氏名	年齢	従事月数	仕事の内容・従事の程度	給料賃金	賞与	計	所得税及び復興特別所得税の源泉徴収税額
	歳	月		円	円	円	円
計							

○専従者給与の内訳

氏名	続柄	年齢	従事月数	仕事の内容・従事の程度	給料	賞与	計	所得税及び復興特別所得税の源泉徴収税額
		歳	月		円	円	円	円

提出用（令和三年分以降用）

【参考条文　抜粋】

●相続税法50条（調書の提出）

> 3　信託の受託者でこの法律の施行地に当該信託の事務を行う営業所、事務所、住所、居所その他これらに準ずるもの（以下この項において「営業所等」という。）を有するものは、次に掲げる事由が生じた場合には、当該事由が生じた日の属する月の翌月末日までに、財務省令で定める様式に従って作成した受益者別（受益者としての権利を現に有する者の存しない信託にあっては、委託者別）の調書を当該営業所等の所在地の所轄税務署長に提出しなければならない。
>
> 　ただし、信託に関する権利又は信託財産の価額が一定金額以下であることその他の財務省令で定める事由に該当する場合は、この限りでない。
>
> 一　信託の効力が生じたこと（当該信託が遺言によりされた場合にあっては、当該信託の引受けがあったこと。）。
> 二　第9条の2第1項に規定する受益者等が変更されたこと（同項に規定する受益者等が存するに至った場合又は存しなくなった場合を含む。）。
> 三　信託が終了したこと（信託に関する権利の放棄があつた場合その他政令で定める場合を含む。）。
> 四　信託に関する権利の内容に変更があったこと。

●相続税法施行規則30条7項（調書の記載事項等）

> 7　法第59条第3項ただし書に規定する財務省令で定める事由は、次に掲げる事由とする。
> 一　受託者の引き受けた信託について受益者（受益者としての権利を現に有する者の存しない信託にあっては、委託者。以下この号において同じ。）別に当該信託の信託財産を法第22条から第25条までの規定により評価した価額（その年の1月1日から当該信託につき法第59条第3項各号に掲げる事由が生じた日の前日までの間に当該信託と受益者が同一である他の信託（以下この号におい

て「従前信託」という。）について当該事由が生じていた場合は、当該信託及び当該従前信託の信託財産をそれぞれ法第22条から第25条までの規定により評価した価額の合計額）が50万円以下であること（当該信託又は当該従前信託についてこれらの信託財産を法第22条から第25条までの規定により評価することを困難とする事情が存する場合を除く。）。

二　受託者の引き受けた信託が投資信託及び投資法人に関する法律第2条第3項（定義）に規定する投資信託であること。

三　受託者の引き受けた貸付信託（貸付信託法（昭和27年法律第195号）第2条第1項（定義）に規定する貸付信託をいう。以下この項において同じ。）の受益権が当該貸付信託の無記名式の同条第2項に規定する受益証券に係るものであること。

四　受託者の引き受けた受益証券発行信託（信託法（平成18年法律第108号）第185条第3項（受益証券の発行に関する信託行為の定め）に規定する受益証券発行信託をいう。）の受益権が当該受益証券発行信託の無記名式の同条第1項に規定する受益証券に係るものであること。

五　次に掲げる場合の区分に応じ、それぞれ次に定める事由
　　イ　法第59条第3項第1号に掲げる事由が生じた場合
　　　　受託者の引き受けた信託が次に掲げるものであること。
　　（1）　法第21条の4第2項に規定する特定障害者扶養信託契約に基づく信託
　　（2）　租税特別措置法（昭和32年法律第26号）第70条の2の2第2項第2号イ（直系尊属から教育資金の一括贈与を受けた場合の贈与税の非課税）に規定する教育資金管理契約に基づく信託
　　（3）　租税特別措置法第70条の2の3第2項第2号イ（直系尊属から結婚・子育て資金の一括贈与を受けた場合の贈与税の非課税）に規定する結婚・子育て資金管理契約に基づく信託
　　（4）　委託者と受益者等（法第9条の2第1項に規定する受益者等をいう。以下この号において同じ。）とが同一である信託
　　ロ　法第59条第3項第2号に掲げる事由が生じた場合　次に掲げる事由
　　（1）　受託者の引き受けた信託について生じた法第59条第3項第

　　２号に掲げる事由が所得税法第224条の３第２項（株式等の譲渡の対価の受領者の告知）に規定する株式等又は同法第224条の４（信託受益権の譲渡の対価の受領者の告知）に規定する信託受益権の譲渡によるものであることから、当該信託の受託者が同法第225条第１項（支払調書及び支払通知書）に規定する調書を同項の規定により提出することとなること。

（２）　受託者の引き受けた信託が顧客分別金信託等（金融商品取引法第43条の２第２項（分別管理）の規定による信託、賃金の支払の確保等に関する法律施行規則（昭和51年労働省令第26号）第２条第１項第２号（貯蓄金の保全措置）に規定する信託契約に基づく信託その他これらに類する信託をいう。ハ（３）において同じ。）であること。

（３）　受託者の引き受けた信託が金融商品取引法第２条に規定する定義に関する内閣府令（平成５年大蔵省令第14号）第16条第１項第７号の２イからへまで（金融商品取引業から除かれるもの）に掲げる要件の全てを満たす金銭の信託（当該信託につき法第59条第３項第２号に掲げる事由が生じたことにより当該信託の受益者等が取得する金銭その他の資産が、退職手当金等又は所得税法第28条第１項（給与所得）に規定する給与等若しくは同法第三十条第１項（退職所得）に規定する退職手当等（ハ（４）において「給与所得等」という。）に該当する場合における当該信託に限る。（４）において同じ。）であること。

（４）　受託者の引き受けた信託が次に掲げる要件の全てを満たす金銭の信託であること。

　（ⅰ）　発行法人等（株式の発行法人又は当該発行法人と資本関係若しくは取引関係を有する法人であって当該発行法人が指定したものをいう。（４）において同じ。）を委託者とする信託で、当該受託者が当該発行法人の株式を取得するものであること。

　（ⅱ）　当該受託者が取得した株式は、（ⅰ）の発行法人等の定款の規定、株主総会、社員総会、取締役会その他これらに準ずるものの決議若しくは会社法（平成17年法律第86号）

第404条第3項（指名委員会等の権限等）の報酬委員会の決定又は当該発行法人等の従業員の勤続年数、業績その他の基準を勘案して当該発行法人等が定めた当該株式の付与に関する規則に従って当該発行法人等の役員若しくは従業員である者若しくは役員若しくは従業員であった者又はこれらの者の相続人（包括受遺者を含む。）に付与されること。

（ⅲ）　当該受託者がその信託財産として受け入れる金銭は、その全てが（ⅰ）の発行法人等から拠出されること。

（ⅳ）　当該受託者にその信託財産として新株予約権が付与される場合には、当該新株予約権の全てが（ⅰ）の発行法人により付与されること。

（5）　法第59条第3項第2号に掲げる事由が次に掲げる事由により生じたこと。

（ⅰ）　受託者の引き受けた信託について受益者等の合併又は分割があったこと。

（ⅱ）　金融機関の信託業務の兼営等に関する法律（昭和18年法律第43号）第5条第1項（定型的信託契約約款の変更等）に規定する定型的信託契約に基づく信託の受益権について同条第4項の規定による買取りの請求があったことにより当該信託の受託者が当該受益権を買い取ったこと（当該受託者が当該受益権を遅滞なく消却する場合に限る。）。

（ⅲ）　貸付信託法第6条第6項（信託約款の変更）又は第11条（受託者による受益証券の取得）の規定により貸付信託の受託者が当該貸付信託の同法第2条第2項に規定する受益証券を買い取ったこと（当該受託者が当該受益証券に係る受益権を遅滞なく消却する場合に限る。）。

ハ　法第59条第3項第3号に掲げる事由が生じた場合　次に掲げる事由

（1）　受託者の引き受けた信託が租税特別措置法第70条の2の2第2項第2号イに規定する教育資金管理契約に基づく信託であること。

（2）　受託者の引き受けた信託が租税特別措置法第70条の2の3第2項第2号イに規定する結婚・子育て資金管理契約に基づ

く信託であること。

（3）　受託者の引き受けた信託が顧客分別金信託等であること。

（4）　受託者の引き受けた信託がロ（4）（ⅰ）から（ⅳ）まで
に掲げる要件の全てを満たす金銭の信託（当該信託につき法
第59条第3項第3号に掲げる事由が生じたことにより当該信
託の受益者等が取得する金銭その他の資産が給与所得等に該
当する場合における当該信託に限る。）であること。

（5）　受託者の引き受けた信託の終了直前の受益者等が当該受益
者等として有していた当該信託に関する権利に相当する当該
信託の残余財産の給付を受けるべき、又は帰属すべき者と
なったこと。

（6）　受託者の引き受けた信託の残余財産がないこと。

（7）　受託者（金融機関の信託業務の兼営等に関する法律により
同法第1条第1項（兼営の認可）に規定する信託業務を営む
同項に規定する金融機関に限る。）の引き受けた貸付信託又
は合同運用信託（法人税法（昭和40法律第34号）第2条第26
号（定義）に規定する合同運用信託をいう。）の残余財産が
信託法第182条第3項（残余財産の帰属）の規定により当該
受託者に帰属したこと。

ニ　法第59条第3項第4号に掲げる事由が生じた場合　次に掲げる
事由

（1）　受託者の引き受けた信託の受益者等が一の者であること。

（2）　受託者の引き受けた信託の受益者等（法人税法第2条第29
号の2に規定する法人課税信託の受託者を含む。）がそれぞ
れ有する当該信託に関する権利の価額に変動がないこと。

●所得税法第227条（信託の計算書）

　信託（第13条第１項ただし書（信託財産に属する資産及び負債並びに信託財産に帰せられる収益及び費用の帰属）に規定する集団投資信託、退職年金等信託又は法人課税信託を除く。）の受託者は、財務省令で定めるところにより、その信託の計算書を、信託会社（金融機関の信託業務の兼営等に関する法律により同法第１条第１項（兼営の認可）に規定する信託業務を営む同項に規定する金融機関を含む。以下この条において同じ。）については毎事業年度終了後一月以内に、信託会社以外の受託者については毎年１月31日までに、税務署長に提出しなければならない。

●信託法第37条（帳簿等の作成等、報告及び保存の義務）

　受託者は、信託事務に関する計算並びに信託財産に属する財産及び信託財産責任負担債務の状況を明らかにするため、法務省令で定めるところにより、信託財産に係る帳簿その他の書類又は電磁的記録を作成しなければならない。

２　受託者は、毎年１回、一定の時期に、法務省令で定めるところにより、貸借対照表、損益計算書その他の法務省令で定める書類又は電磁的記録を作成しなければならない。

３　受託者は、前項の書類又は電磁的記録を作成したときは、その内容について受益者（信託管理人が現に存する場合にあっては、信託管理人）に報告しなければならない。ただし、信託行為に別段の定めがあるときは、その定めるところによる。

４　受託者は、第１項の書類又は電磁的記録を作成した場合には、その作成の日から十年間（当該期間内に信託の清算の結了があったときは、その日までの間。次項において同じ。）、当該書類（当該書類に代えて電磁的記録を法務省令で定める方法により作成した場合にあっては、当該電磁的記録）又は電磁的記録（当該電磁的記録に代えて書面を作成した場合にあっては、当該書面）を保存しなければならない。ただし、受益者（２人以上の受益者が現に存する場合にあってはそのすべての受益者、信託管理人が現に存する場合にあっ

ては信託管理人。第6項ただし書において同じ。）に対し、当該書類若しくはその写しを交付し、又は当該電磁的記録に記録された事項を法務省令で定める方法により提供したときは、この限りでない。

5　受託者は、信託財産に属する財産の処分に係る契約書その他の信託事務の処理に関する書類又は電磁的記録を作成し、又は取得した場合には、その作成又は取得の日から十年間、当該書類（当該書類に代えて電磁的記録を法務省令で定める方法により作成した場合にあっては、当該電磁的記録）又は電磁的記録（当該電磁的記録に代えて書面を作成した場合にあっては、当該書面）を保存しなければならない。この場合においては、前項ただし書の規定を準用する。

6　受託者は、第2項の書類又は電磁的記録を作成した場合には、信託の清算の結了の日までの間、当該書類（当該書類に代えて電磁的記録を法務省令で定める方法により作成した場合にあっては、当該電磁的記録）又は電磁的記録（当該電磁的記録に代えて書面を作成した場合にあっては、当該書面）を保存しなければならない。ただし、その作成の日から十年間を経過した後において、受益者に対し、当該書類若しくはその写しを交付し、又は当該電磁的記録に記録された事項を法務省令で定める方法により提供したときは、この限りでない。

●租税特別措置法施行規則第18条の24（特定組合員等の不動産所得の計算に関する明細書）

その年において組合事業（法第41条の4の2第2項第2号に規定する組合事業をいう。以下この条において同じ。）又は信託から生ずる不動産所得を有する個人は、所得税法第120条第6項の規定により確定申告書に添付すべき同項の書類のほか、当該組合事業又は信託に係る次に掲げる項目別の金額その他参考となるべき事項を記載した施行令第26条の6の2第6項の明細書を確定申告書に添付しなければならない。

一　総収入金額については、当該組合事業又は信託から生ずる不動

産所得に係る賃貸料その他の収入の別
　二　必要経費については、当該組合事業又は信託から生ずる不動産
　　所得に係る減価償却費、貸倒金、借入金利子及びその他の経費の
　　別
　2　施行令第26条の6の2第6項に規定する個人は、同項の明細書を
　　各組合契約（法第41条の4の2第2項第1号に規定する組合契約を
　　いう。）に係る組合事業又は信託ごとに作成するものとする。

2　家族信託の不動産所得の損益通算等の特例

　家族信託において税務上注意すべき点の一つとして、「損益通算
の禁止」というものがあります。家族信託の税務上のデメリットと
して有名な損益通算の論点になりますが、「受益者が個人」の場合
と、「受益者が法人」の場合で取扱いが異なります。以下では分け
て説明をします。

（1）受益者が個人

　個人の所得税の確定申告では、収益物件が大規模な修繕による多
額の費用の計上があり不動産の所得がマイナスとなる場合や、収益
物件が木造等で早期に多額の減価償却費が計上され不動産の所得が
マイナスとなる場合に、通常の確定申告ではこれらのマイナスは他
の所得と通算されることになります。
　また、青色申告の場合は、損益通算を行ってもマイナスがまだ残
る場合は、期限内に損失申告書を提出して、その後に連続して確定
申告書を提出すれば、翌年から3年間は残ったマイナスを繰り越す
ことができます。白色申告の場合は、マイナス金額の全部というわ
けではなく、固定資産等の災害等の一定の金額部分のみ損失の繰越
控除ができます。

　このことから、不動産で予想より費用が多額となった年度のマイナスの所得も他の所得と通算されることで損失に対応する所得税は結果的に減額され、また不動産所得のマイナスを高額な給与所得者の給与所得と通算するなど、所得税の損益通算は、1つの節税手法として従来から利用されています。

　しかし、家族信託では上記のようなケースが想定される場合は注意が必要になります。そして、その説明を依頼者に最初に説明する必要があります。

　家族信託では不動産所得に係る損益通算等の特例の規定があり、信託財産として不動産所得の収益物件を検討する場合は、特に信託から生じた不動産所得に係る損失の金額がある場合は、租税特別措置法41条の4の2にあるように、その損失の金額は生じなかったものとみなされるため注意が必要になります。

　以下の事例で確認します。

事　例

・委託者：父
・受託者：子
・受益者：父
・信託財産：収益物件
・補足事項：他に個人商店としての事業も営んでいる。

　例えば当年度の不動産所得がマイナスの100万円で、個人事業の所得がプラスの200万円だったとします。信託財産に係る不動産所得に損失が生じた場合は、所得から損益通算ができないので、全体の所得は200万円になります。

　それでは、信託財産に係る不動産所得が100万円で、個人事業の所得がマイナスの200万円の場合はどうでしょうか。これは、損益通算することが可能で全体の所得は－100万円になります。

また、わかりやすくするために契約を複数に分けたいという依頼があった場合に、信託財産に係る不動産の契約が複数存在するときは、契約を横断するような損益通算はできないため注意が必要です。

　あまり実務上ないかもしれませんが、個人の事業所得の信託契約の場合のその損失は、不動産所得に係る損益通算特例等がないため他の所得と通算ができると考えられます。このような信託財産に関する不動産所得の損益通算の規制は、航空機リースのスキームなどの特定組合員の不動産所得に係る損益通算が問題視されていたものの制限がなされ、信託法の改正により信託の活用の柔軟性が広がった一方で信託を活用した同様の租税回避スキームが利用されることを防止するために、信託財産に係る不動産所得についても損益通算の制限が加わることになったものです。

（2）受益者が法人

　本書の論点では記載されていませんが、受益者が法人である信託の場合があります。

　法人が受益者の場合には、個人の場合と異なり、原則的に信託から生じた損失は信託以外の損益と通算できます。

　また、受益者が個人の場合の損益通算等の特例である不動産損失の切捨規定はありませんが、信託財産の額を超える損失の金額は計上できません。これは、受益者の責任が信託財産を限度とし、受益者自身の固有の財産について信託に係るその超える部分の債務を負う必要がない場合には、税務の観点も信託財産の額を超えて損失計上することを認めないという考え方になります。

　しかし、先ほどの信託財産を超過し損失計上できなかった損失の額は、翌年以降に繰り越すことができ、繰越欠損金の規定と同様に、毎年の利益の額に損失を充てることができます。

【損益通算の対比表】

	受益者が個人の場合	受益者が法人の場合
損失の計上について	信託から生じる所得が不動産所得の損失である場合に、その損失はなかったものとみなされる。	信託財産の簿価純資産額を超える金額は、損金不算入で、翌期以降に繰り越される。
損失の繰越について	損失はなかったものとみなされ、繰越はできない。	損金不算入の損失額は繰り越され、翌期以降の信託の利益から充当可能。

（3）実務上の注意点

　信託契約書を組成するタイミングより前に、所得税の確定申告の状況を確認し、また、将来の所得の推移の見込みもヒアリングしておくとよいでしょう。そして、おおよその信託財産として検討している対象の収益物件を信託財産とした場合の受益者個人の所得税の確定申告書が、信託契約によりどうなるかを相談者に説明します。

　最初の段階で確定申告書等が手に入らない場合は、不動産所得の損失は損益通算できないと最初に説明しておき、さらに家族信託の最終納品までの期間は比較的長い期間となる場合があるため、契約書の最終の説明の際にも念を押して説明しておくことが将来のトラブルを防止することにつながります。

（特定組合員等の不動産所得に係る損益通算等の特例）

第41条の４の２　特定組合員（組合契約を締結している組合員（これに類する者で政令で定めるものを含む。以下この項において同じ。）のうち、組合事業に係る重要な財産の処分若しくは譲受け又は組合事業に係る多額の借財に関する業務の執行の決定に関与し、かつ、当該業務のうち契約を締結するための交渉その他の重要な部分を自ら執行する組合員以外のものをいう。）又は特定受益者（信託の所得税法第13条第１項に規定する受益者（同条第２項の規定により同条第１項に規定する受益者とみなされる者を含む。）をいう。）に該当する個人が、平成18年以後の各年において、組合事業又は信託から生ずる不動産所得を有する場合においてその年分の不動産所得の金額の計算上当該組合事業又は信託による不動産所得の損失の金額として政令で定める金額があるときは、当該損失の金額に相当する金額は、同法第26条第２項及び第69条第１項の規定その他の所得税に関する法令の規定の適用については、生じなかったものとみなす。

２　この条において、次の各号に掲げる用語の意義は、当該各号に定めるところによる。

　一　組合契約　民法第667条第１項に規定する組合契約及び投資事業有限責任　組合契約に関する法律第３条第１項に規定する投資事業有限責任組合契約並びに外国におけるこれらに類する契約（政令で定めるものを含む。）をいう。

　二　組合事業　各組合契約に基づいて営まれる事業をいう。

３　前項に定めるもののほか、第一項の規定の適用に関し必要な事項は、政令で定める。

（組合事業等による損失がある場合の課税の特例）

第67条の12　法人が特定組合員（組合契約に係る組合員（これに類する者で政令で定めるものを含むものとし、匿名組合契約等にあっては、匿名組合契約等に基づいて出資をする者及びその者の当該匿名組合契約等に係る地位の承継をする者とする。以下この項及び第四項において同じ。）のうち、組合事業に係る重要な財産の処分若し

くは譲受け又は組合事業に係る多額の借財に関する業務の執行の決定に関与し、かつ、当該業務のうち契約を締結するための交渉その他の重要な部分を自ら執行する組合員その他の政令で定める組合員以外のものをいう。第4項において同じ。）又は特定受益者（信託（法人税法第2条第29号に規定する集団投資信託及び法人課税信託を除く。以下この条において同じ。）の同法第12条第1項に規定する受益者（同条第2項の規定により同条第1項に規定する受益者とみなされる者を含む。）をいう。第4項において同じ。）に該当する場合で、かつ、その組合契約に係る組合事業又は当該信託につきその債務を弁済する責任の限度が実質的に組合財産（匿名組合契約等にあっては、組合事業に係る財産）又は信託財産の価額とされている場合その他の政令で定める場合には、当該法人の当該事業年度の組合等損失額（当該法人の当該組合事業又は当該信託による損失の額として政令で定める金額をいう。以下この項において同じ。）のうち当該法人の当該組合事業に係る出資の価額又は当該信託の信託財産の帳簿価額を基礎として政令で定めるところにより計算した金額を超える部分の金額（当該組合事業又は当該信託財産に帰せられる損益が実質的に欠損とならないと見込まれるものとして政令で定める場合に該当する場合には、当該組合等損失額）に相当する金額（第3項第4号において「組合等損失超過額」という。）は、当該事業年度の所得の金額の計算上、損金の額に算入しない。

2　確定申告書等を提出する法人が、各事業年度において組合等損失超過合計額を有する場合には、当該組合等損失超過合計額のうち当該事業年度の当該法人の組合事業又は信託（当該組合等損失超過合計額に係るものに限る。）による利益の額として政令で定める金額に達するまでの金額は、当該事業年度の所得の金額の計算上、損金の額に算入する。

著者略歴

菊永　将浩（きくなが　まさひろ）

弁護士（広島弁護士会）、広島弁護士会高齢者・障害者等の権利に関する委員会　委員、日弁連信託センター　幹事。

　国家公務員、地方公務員、金融機関などでの勤務を経て、弁護士事務所を開設。2019年4月には弁護士法人井上・菊永法律事務所を設立し、現在に至る。

　業務としては、主に予防法務に取り組んでおり、相続や遺言など高齢者に関する業務のほか、労務関係や企業法務に関することなどを中心に取り扱っている。その中でも資産承継・事業承継の手段として注目されている「家族信託」について積極的に取り組んでいる。

平尾　政嗣（ひらお　せいじ）

税理士・行政書士、一般社団法人　香川民事信託推進協議会　理事。

　法人業務では創業支援・企業再生・事業承継を中心に金融機関連携や計画策定等の支援を行っている。また、個人業務では、相続・贈与等の問題を全方位から解決するため、士業のみではなく各業種の専門家とチームを組み多くの問題を解決している。

　相続問題に幅広く対応し家族信託を一手段として問題解決を行う集団を作るために設立された一般社団法人香川民事信託推進協議会の発起人でもある。信託契約の税務面のサポート、相続・家族信託のセミナーで多数の登壇実績がある。

門馬　良典（もんま　よしのり）

司法書士・行政書士、一般社団法人　香川民事信託推進協議会　代表理事。

　相続手続、遺言に特化した形で司法書士・行政書士事務所を運営。毎月平均で数十件程度の相談に対応している。多岐にわたる相談に、弁護士、税理士、不動産鑑定士、社会保険労務士、中小企業診断士といった隣接士業とワンストップで対応し、解決策を提供している。また不動産業者、介護施設、葬儀社等と連携し、相談者の終活の支援も進めている。

| 事例でわかる | 令和2年2月1日 初版発行 |
| 家族信託契約書作成の実務 | 令和6年10月10日 初版6刷 |

検印省略

日本法令 ®

〒101-0032
東京都千代田区岩本町1丁目2番19号
https://www.horei.co.jp/

著　者	菊　永　将　浩	
	平　尾　政　嗣	
	門　馬　良　典	
発行者	青　木　鉱　太	
編集者	岩　倉　春　光	
印刷所	東　光　整　版　印　刷	
製本所	国　　宝　　社	

（営　業）　TEL　03-6858-6967　　Eメール　syuppan@horei.co.jp
（通　販）　TEL　03-6858-6966　　Eメール　book.order@horei.co.jp
（編　集）　FAX　03-6858-6957　　Eメール　tankoubon@horei.co.jp

（オンラインショップ）https://www.horei.co.jp/iec/
（お詫びと訂正）https://www.horei.co.jp/book/owabi.shtml
（書籍の追加情報）https://www.horei.co.jp/book/osirasebook.shtml

※万一、本書の内容に誤記等が判明した場合には、上記「お詫びと訂正」に最新情報を掲載
　しております。ホームページに掲載されていない内容につきましては、FAXまたはEメー
　ルで編集までお問合せください。